정책연구시리즈 2023-10

국가 챔피언 기업 육성정책:
산업정책에서 승자 선정 전략의 효과와 시사점

김민호

정책연구시리즈 **2023-10**

국가 챔피언 기업 육성정책:
산업정책에서 승자 선정 전략의 효과와 시사점

저 자

김민호 | 한국개발연구원 연구위원

연구지원

정유경 | 한국개발연구원 전문연구원

발간사

선진국의 산업정책은 특정 산업이나 기업에 대한 지원에서 벗어나 모든 기업이 혁신할 수 있는 환경을 조성하는 방향으로 변화하였습니다. 이는 수평적 산업정책으로 불리며, 민간의 혁신을 유도하는 것을 목표로 합니다. 그러나 코로나19 대유행 이후 글로벌 공급망의 충격과 기술패권 경쟁의 심화와 같은 새로운 도전에 직면하여, 선진국들이 전략적 수단으로 특정 산업이나 기업을 집중적으로 지원하는 선별적 산업정책을 다시 적극적으로 활용하고 있는 상황입니다.

본 연구는 이러한 도전적 환경 속에서 산업정책을 통해 기업의 성장을 효과적으로 도울 수 있는 방안을 심도 있게 탐구합니다. 본 연구에서 정의하듯 산업정책이란 경제성장을 위해 국가의 산업경쟁력을 강화하고 기업환경을 개선하기 위한 정부의 정책입니다. 본 보고서는 산업정책의 개념적 틀을 통해 선별적 산업정책의 위상을 이해하고 우리나라의 선별적 산업정책 현황을 제시하고 있습니다.

본 연구에서는 선별적 산업정책 중에서 특히 국가 챔피언 기업 육성정책에 초점을 맞추어, 우리나라에서 시행된 대표적 정책인 월드클래스300 사업의 효과성을 분석하고 시사점을 제시합니다. 월드클래스300 사업은 세계적 수준의 기업을 육성하는 것을 목표로 매년 상당한 예산을 투입하여 소수의 기업을 선별적으로 지원하고 있습니다. 저자는 선별적 산업정책이 정보의 비대칭성과 지대추구로 인한 '승자 선정의 위험' 문제를 노출할 수 있음을 지적하고 있습니다.

발간사

본 보고서는 기업 성장을 지원하는 정책이 효과적이기 위해서는 목표와 일치하는 기업 선별을 위해 적절한 조건이 설정되어야 함을 강조합니다. 성장지원 정책이 어떻게 설계되고 운영될 때 기업혁신과 성장지원에 효과적일 수 있는지에 대한 시사점과 구체적인 개선방안을 독자에게 제공하고자 합니다.

산업정책의 중요성과 복잡성을 이해하는 것은 현재와 미래의 경제적 도전에 효과적으로 대응하기 위한 첫걸음입니다. 우리는 본 보고서를 통해 독자들이 산업정책의 다양한 측면을 깊이 있게 이해하고, 글로벌 경제에서 우리나라 기업이 성장하고 경쟁력을 더욱 견고히 하는 데 기여할 수 있는 정부 정책 설계에 대한 지식을 얻기를 희망합니다.

저자는 분석방법론에 유용한 자문을 해준 중앙대 강창희 교수에게 큰 감사를 표하고 있습니다. 분석에서 사례 조사까지 연구 전반에서 훌륭하게 역할을 수행한 본원의 정유경 전문연구원에게도 깊은 감사를 드리고 있으며, 함께 고민하며 조언을 해주신 동료 정성훈, 이진국, 김미루, 김재훈 연구위원과 보고서의 퇴고와 편집에 큰 도움을 준 류세희 전문위원과 노하늘 행정원에게도 감사의 뜻을 전하고 있습니다.

마지막으로 본 보고서에 제시된 견해는 집필자 개인의 의견이며, 본원의 공식 견해가 아님을 밝혀 두는 바입니다.

2023년 12월

한국개발연구원 원장

조 동 철

목 차

◈ 표 목 차

◈ 그 림 목 차

요 약

기술패권 경쟁 심화, 탄소중립 전환 등 산업환경 변화 속에 국가의 전략적 수단으로 선별적 산업정책이 부상하는 가운데 본 연구는 선별적 산업정책의 주요 수단인 '국가 챔피언 기업 육성정책'을 집중 조명한다. 구체적인 정책으로 우리나라에서 시행된 '월드클래스300' 사업의 효과를 분석한다. 또한 챔피언 기업 육성정책의 해외 사례를 통해 시사점을 제시한다. 본 연구의 목적은 분석 결과를 바탕으로 선별적 산업정책을 효과적으로 설계하기 위한 개선방안을 제시하는 것이다.

제2장에서는 선별적 산업정책의 위상 및 역할을 살펴본다. 이를 위해 산업정책의 개념적 틀을 소개하고, 우리나라의 선별적 산업정책 현황을 제시한다. 그리고 선별적 산업정책의 효과와 설계방식에 대해 논의한다. 제3장에서는 최근 10년간 한국의 산업성장 추이를 산업별, 기업규모별 기업활동 및 생산성 추이를 통해 살펴본다. 제4장에서는 국가 챔피언 기업 육성정책의 효과를 분석한다. 우리나라의 대표 챔피언 기업 육성정책으로 월드클래스300 사업을 선정하여 해당 사업의 정책 시행방식을 소개하고 사업의 효과를 분석한다. 마지막으로, 제5장에서는 해외 사례를 통한 시사점을 논의하고 선별적 산업정책의 개선방안을 제시한다.

제1장

서 론

미・중 간의 기술패권 경쟁이 심화되는 가운데, 핵심 소재와 부품에 대한 국가 전략적 기술과 산업을 육성하는 것이 긴요한 과제로 부각되고 있다. 특히 코로나19의 확산으로 인한 글로벌 공급망 위기 이후 가속화된 전략산업 공급망 내재화 및 블록화, 자국중심주의에 따른 공급망 재편과 더불어 디지털 및 탄소중립 전환에 대응하는 핵심 수단으로 산업정책이 부상하였다.

최근 많은 국가에서 새로운 정책을 도입하거나 기존 정책을 확장하여 코로나19로 큰 타격을 입은 부문을 지원하고, 미래 경제를 주도할 것으로 기대되는 신기술이나 산업의 성장을 촉진하기 위한 노력을 기울이고 있다.

산업정책은 국가의 산업경쟁력 강화 및 경제성장을 위해 산업구조를 변화시키고 기업환경을 개선하기 위해 시도되는 일련의 정부 정책을 의미하며, 수평적(horizontal) 산업정책과 선별적(targeted) 산업정책이 조합되어 사용되는 것이 일반적이다.

지난 몇십 년 동안 선진국에서는 전통적 산업정책인 특정 산업이나 특정 기업을 지원하는 선별적 산업정책에서 기업이 성장하는 환경 조성을 통해 민간의 혁신을 유도하는 수평적 산업정책으로 중심이 이동하였다. 하지만 코로나19 대유행 이후 글로벌 공급망 충격과 기술패권 경쟁 심화 등 국내외 산업환경 변화 속에 경제 회복과 성장을 촉진하는 전략적 수단으로서 선별적 산업정책이 귀환하고 있는 실정이다.

미국, 유럽, 일본, 중국 등 주요국에서 자국 혹은 역내 경쟁력 확보를 위한 정책이 시행되었다. 미국의 경우 「2022년 인플레이션 감축법(Inflation Reduction Act: IRA)」을 통해 자국에서 생산한 소재와 부품 사용에 대한 세액공제 및 보조금 제공을 시행하고 있으며, 「칩과 과학 법(CHIPS and Science Act)」을 발효하여 중국을 공급망 재편에서 배제하면서 미국 내 반도체 시설 투자를 유도하고 있다. 또한 「국가 생명공학 및 바이오 제조 이니셔티브」 행정명령을 통해 바이오 분야의 미국 내 생산을 지원하는 등 미국 우선주의에 기반한 정책을 시행하였다. 2022년 EU 집행위원회(EC)에서 발의하고 2023년에 시행 확정된 EU 「반도체법(Chips Act)」은 2030년까지 세계 반도체 생산량에서 EU의 비중을 9%에서 20%로 확대하는 것을 목표로 한다. 「반도체법」은 2030년까지 민간・공공 부문에서 430억유로(약 62조원)를 투자하는 것을 주요 골자로 한다. 일본의 경우 TSMC 유치, 라피더스 설립 및 지원, 첨단기술 확보 등 자국 내 반도체산업 육성을 위해 대규모 재정지원을 투입하고 있다. 중국은 2015년부터 '중국제조 2025' 전략을 통해 고부가가치 제조 분야에서 기술적 자립을 달성하기 위해 반도체를 포함한 10대 전략육성산업을 중점적으로 지원하였다. 중국은 또한 반도체 투자기금을 통해 반도체산업을 지원해 왔는데, 2014년에 1,387억위안, 2019년에 2,000억위안 규모의 펀드를 조성하였고, 최근에는 미국의 수출규제 등에 대응하여 3천억위안(약 55조원) 규모의 반도체 지원 펀드를 조성하고 반도체 장비 제조 분야를 중점적으로 지원하는 계획이 보도되었다.[1] 하지만 일본의 엘피다메모리 및 르네사스의 공적자금 투입 실패 사례를 보았을 때 라피더스의 '2027년까지 2나노미터 로직 반도체 생산계획'의 성공이 어려울 것이라는 시각도 있다.[2] 중국 반도체 투자기금으로 막대한 투자를 받은 우한홍신반도체

---

1 https://www.chosun.com/economy/tech_it/2023/09/07/YWYRYBWXSBALLEZJMPGMKUK7SY/ (접속일: 2023. 11. 22).

2 https://www.hankyung.com/article/2023071984171(접속일: 2023. 11. 22).

(HSMC)와 취안신집적회로(QXIC)가 반도체를 제대로 생산하지 못한 사실은 대표적인 실패 사례로 꼽히기도 한다.

각국이 경쟁적으로 선별적 산업정책을 시행하고 있는 상황에서 본 보고서는 선별적 산업정책을 산업정책의 개념적 틀 안에서 이해하고, 우리나라에서 시행되고 있는 다양한 선별적 기업지원정책의 현황을 제시한다.

본 연구가 다루는 주요 정책은 국가 챔피언 기업 육성정책이다. 국가 챔피언 기업 육성정책은 선별적 산업정책에 해당하며, 수평적 산업정책과 함께 다양한 산업정책 수단 중 하나에 해당한다. 우리나라의 대표 챔피언 기업 육성정책으로 월드클래스300 사업을 선정하여 해당 사업의 정책 시행방식을 소개하고 사업의 효과를 분석한다. 월드클래스300 사업은 세계적 수준의 기업 육성을 통해 산업의 허리를 강화하고 성장동력을 확충하는 것을 목적으로 2011년부터 시행되고 있는 대표적인 스케일업(scale-up) 정책이며, 매년 500억원이 넘는 예산 규모로 소수의 기업을 선별하여 지원하고 있다.

본고에서는 해외 사례 분석을 통해 기업의 혁신과 성장을 지원하는 산업정책의 조합과 정책 방향에 대한 시사점을 제시하도록 한다. 즉, 본 연구의 결과를 바탕으로 선별적 산업정책의 효과성을 제고할 수 있는 개선방안을 제시할 것이다.

본 보고서는 다음과 같이 구성된다. 제2장에서는 선별적 산업정책의 위상 및 역할에 대해 다루고 있다. 산업정책의 개념적 틀을 소개하고 우리나라의 선별적 산업정책 현황을 제시한다. 그리고 선별적 산업정책의 효과와 설계방식에 대해 논의한다. 제3장에서는 최근 10년간 한국의 산업성장 추이를 산업별, 기업규모별 기업활동 및 생산성 추이를 통해 살펴본다. 제4장에서는 국가 챔피언 기업 육성정책의 효과를 분석한다. 마지막으로, 제5장에서는 선별적 산업정책의 해외 운영 사례를 통해 시사점과 개선방안을 제시한다.

제2장

선별적 산업정책의 이해

산업정책이 유럽연합, 미국, 중국, 브라질을 포함하여 세계적으로 부활하고 있다. 해당 국가들은 산업경쟁력 강화 및 경제성장, 일자리 창출을 목적으로 산업정책을 시행하여 왔으나 최근 지난 수십 년간 추진되었던 산업전략과 다른 접근의 필요성이 고조되고 있다. 생산성 둔화 속에 경제적 불평등이 심화되는 현상을 경험하고 있으며, 지난 정책이 탄탄한 경제성장을 이루는 데에도 효과적이지 못했다고 인식하고 있기 때문이다. 금융위기 및 코로나19 팬데믹, 글로벌 공급망 충격 등의 위기에 대응할 필요성과 함께 디지털 전환 및 기후변화와 같은 장기적이고 구조적인 추세에서 정부가 전략적이고 적극적인 조정 역할을 해야 한다는 논의가 학계와 정책 서클 모두에서 다시 부활하고 있다.

새롭게 논의되는 산업정책은 단지 성장을 촉진하는 것뿐만 아니라, 더 친환경적이고, 더 포괄적이며, 더 회복력 있는 경제를 형성하는 데에도 방향을 제시할 것을 요구받고 있다. 산업정책의 목표가 산업경쟁력 강화에만 있지 않고 탄소중립 대응과 같은 사회적 과제 해결로 설정될 수도 있다. 최근 들어 사회적 과제 해결을 임무로 명확히 제시하고 이를 위한 전략을 세우는 임무 중심(mission-oriented) 정책 설계 밑그림이 활발히 그려지고 있다.

그러나 산업정책 패러다임에 대한 합의는 존재하지 않으며, 대상을 특정하지 않고 보편적인 경제환경 개선에 목적을 두는 수평적(horizontal) 산업정책과 대상을 한정하여 특정 행동을 독려 및 지원하는 선별적(targeted) 산업정책이 혼재되어 수행되고 있다. 수평적 정책의 경우 효율성뿐만 아니라 글로벌 위기에 대응하는 데 충분하지 않다는 인식이 커지고 있으며, 동시에 선별적 정책은 자원 분배의 왜곡, 반경쟁 효과, 공적 자금의 기회비용과 관련된 우려가 지속적으로 제기되고 있는 상황이다.

어떤 정책이 "산업정책"으로 고려될 수 있는지에 대한 정의가 모호한 현실에서 본 장의 제1절에서는 산업정책을 논의하는 데 필요한 개념적 틀을 소개하고, 해당 틀 안에서 선별적 산업정책의 위상을 이해한다. 제2절에서는 우리나라의 선별적 산업정책 현황을 살펴보고, 제3절에서는 선별적 산업정책의 효과에 대해 논의한다. 제4절에서는 선별적 산업정책을 설계할 때 고려할 사항에 대해 논의한다.

제1절 산업정책의 개념적 틀[3]

산업정책을 이해하는 개념적인 참조 틀이 없다면 논의가 지나치게 모호해질 수 있다. 산업정책의 중요성이 다시 부상하며 학계와 연구자들은 최근 산업정책의 역할을 이해하고 효과적인 정책수단을 분별하려는 연구를 활발히 진행하고 있다. 본 절에서는 산업정책의 유형과 지원수단을 구분하는 체계를 소개하고, 이를 통해 우리나라에서 수행되고 있는 다양한 산업정책의 위상과 역할을 비교하여 이해할 수 있는 틀을 제시한다.

우선 산업정책을 정의하는 것부터 시작하자. 연구자, 정책 입안자 및 국가에 따라 산업정책의 범위가 다르게 적용되어 명확하고 단일한 정의를 찾기 어려운 측면이 존재한다. 문헌에서 사용된 산업정책에 대한 다양한 정의는 Warwick(2013)을 참고할 수 있다.

산업정책은 "국내 기업부문의 성과를 구조적으로 개선하기 위한 개입"

---

3 본 절의 내용은 OECD에서 최근 제시하고 있는 산업정책의 개념적 프레임워크와 그에 대한 설명을 참고하여 재구성하였다. Criscuolo *et al.*(2022a) 참고.

으로 정의할 수 있다.[4] 산업정책은 R&D 지원, 기술개발 지원, 지적재산권 보호 조치, 기술인력 양성에 이르기까지 다양한 유형의 수단으로 구성된다. 해당 정의는 기술, 혁신과 창업 생태계 지원을 포괄하는 폭넓은 정의에 해당하며, 제조업에만 초점이 있지 않고 민간기업 활동 전반에 적용된다.

산업정책은 기업부문의 구조적 성과 개선에 초점이 있으며, 경쟁정책, 조세정책, 무역 및 투자 정책 등과 밀접하게 연관된다. 경제안정화에 초점을 두고 있는 재정, 통화, 거시건전성 정책은 기업의 성과에 영향을 미치기 때문에 간접적으로 산업정책과 연관될 수 있으나 산업정책에 포함하지 않는다. 교육, 주택 등의 다른 많은 정책 또한 산업정책과 구분된다.

[그림 2-1]은 Criscuolo *et al.*(2022a)에서 제시한 산업정책의 개념적 틀을 보여준다. 산업정책은 크게 전략 수립과 해당 전략을 실행하는 정책 수단으로 구분할 수 있다. 전략 수립에서 산업정책의 목표는 전반적인 생산성 향상뿐만 아니라 지속 가능성, 회복탄력성(resilience) 등 다양한 차원으로 설정될 수 있다. 산업정책의 유형으로는 특정 산업활동을 지원하는 정책 혹은 지역발전정책 등 전통적인 유형이 있다. 이 외에도 최근 논의되는 '신산업정책'은 공급망 충격 등에 대응하는 회복탄력성, 저탄소 사회 이행에 대응하는 지속 가능성 등의 미션을 중심으로 한 전략과 국가 전략기술 개발 등 기술 중심의 전략적 정책 유형에 해당한다.

산업정책 수단은 기업부문의 성과에 영향을 미쳐 정책목표를 달성하기 위해 사용하는 도구이다. 정책수단의 예로는 금융지원, R&D 보조금, 훈련 프로그램, 공공조달 등이 포함된다. 정책수단은 정책대상과 정책수단이 작동하는 채널로 구분하여 분류할 수 있다. 정책대상으로는 특정 대상을 선별하여 지원하는 선별적(targeted) 정책과 대상을 특정하지 않고 기업활동을 지원하는 수평적(horizontal) 정책으로 구분할 수 있다. 수평적 산업정책은 특정 기술 혹은 장소와 관계없이 모든 기업에 해당한다. 기업의 혁신을 지원하는 R&D 세액공제제도 등이 수평적 정책에 해당한

---

4 Criscuolo *et al.*(2022a) 참고.

[그림 2-1] 산업정책의 수립

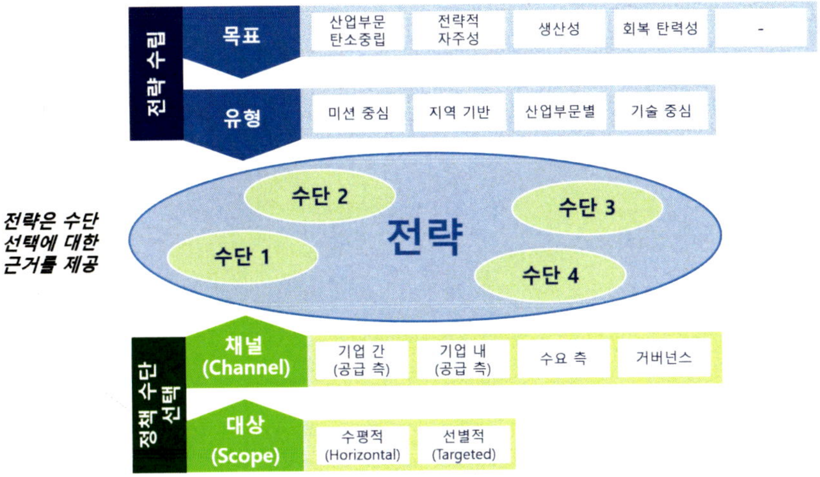

자료: Criscuolo *et al.*(2022a), Figure 1을 번역하여 재구성.

다. 수평적 정책은 기업 간 수평적으로 동일하게 적용되는 것으로 보이지만 R&D 세액공제의 혜택이 R&D 활동을 많이 하는 기업에 집중될 수 있다. 선별적 정책은 특정 산업, 제품, 또는 지역을 한정하거나 특정 조건에 맞는 기업을 선별하여 지원하는 정책이다. 중소기업 정책 중 특정 조건을 제시하고 기업을 선별하는 정책이 아닌 규모만을 기준으로 하여 중소기업이 모두 혜택을 받을 수 있는 정책인 경우 수평적 정책으로 분류할 수 있다.

정책수단이 작동하는 채널에는 수요 측 채널, 공급 측 채널, 거버넌스가 있다. 우선 수요 측 채널은 생산이 이루어지는 장소와 상관없이 수요에 영향을 미치는 수단으로 제품에 대한 규제(표준, 안전요건 혹은 탄소세 및 에너지 보조금 등)와 공공조달 등이 이에 해당한다.

공급 측 채널은 기업의 성과에 직접 영향을 미치는 기업 내(within) 수단과 기업 간 자원 재분배에 영향을 미치는 기업 간(between) 수단으로 구분된다. 기업 내 수단으로는 기업의 생산활동에 쓰이는 투입요소에 직접 영향을 줄 수 있는 보조금, 금융지원, R&D 지원, 에너지 인프라 등을 들 수 있다.

기업 간 수단은 기업 간 자원 이동에 영향을 미치는 금융시장정책, 노동정책, 세제, 창업정책, 경쟁정책, 무역 및 투자 정책 등을 포괄한다. 기업 간 수단이 중요한 이유는 우수한 기술 혹은 더 나은 혁신능력을 가진 기업으로 자원이 원활하게 이동하게 하는 것이 경제 전반의 생산성 및 성장을 높이는 데 중요한 역할을 하기 때문이다.

거버넌스는 산업정책의 목표를 달성하는 데 필수적인 기능을 제공한다. 거버넌스는 수요 측 채널과 공급 측 채널을 보완하며 기업부문, 공공부문, 연구기관의 이해관계자들의 협조를 이끌고 이해를 조율하는 역할을 한다. 거버넌스는 공공-민간 협력뿐만 아니라 국경을 넘는 이슈에 대한 국제협력에서도 중요한 역할을 한다.

본 연구의 분석대상인 월드클래스300 사업을 위에서 소개한 산업정책의 틀에서 분류해보자.[5] 우선 사업의 목표는 세계시장에서 경쟁력을 갖춘 World Calss 300 기업 육성을 통한 기업의 혁신과 성장에 있다. 성장의지와 잠재력을 갖춘 중소·중견 기업이 글로벌 시장에서 경쟁력 있는 기업으로 스케일업(scale-up)하는 것을 목표로 한 사업이다. 월드클래스300 사업은 규모가 있으며 높은 성장성을 보이거나 연구개발 비중이 높은 기업 중에서 정책대상을 선별하여 지원하는 선별적 사업이다. 정책수단의 채널로는 주로 공급 측 채널을 통한 기업 내 수단에 해당하며, 기술개발 보조금을 주요 수단으로 하고, 해외마케팅, 금융서비스, 기타 인력사업 등을 연계하여 지원한다.

마지막으로 월드클래스300 사업을 추진하는 산업정책 전략의 유형은 산업부문별 정책에 해당한다. 산업부문별 정책은 주로 혁신과 생산성 성장을 목표로 한다. 월드클래스300 사업의 목표는 기업의 혁신을 통해 기업이 세계시장에서 경쟁력을 갖추고 성장할 수 있도록 하는 것이다. 산업정책의 유형과 관련하여 월드클래스300 사업은 국가 챔피언(National champion) 기업 육성정책으로 분류할 수 있다. 해외의 국가 챔피언 기업 육성정책은 주로 기술, 에너지, 방위 등 국가 이익에 중요한 전략적 분야

---

5 본 보고서의 제4장에서 월드클래스300 사업의 특성과 선정 기준 등에 대해 자세히 논의한다.

에서 자주 시행된다. 해당 분야 기업 간 합병을 용인 또는 지원하거나(예: 프랑스의 Engie, 중국의 CRRC 등), 여러 기업의 합작사를 지원하거나(예: 일본의 르네사스, 라피더스 등), 특정 산업의 대기업을 육성하는(예: 유럽의 Airbus, 한국의 중화학공업 육성정책과 재벌기업 형성) 등의 방식으로 국가 챔피언 기업을 지원한다.[6,7]

국가 챔피언 기업 육성정책은 특정 기업에 지원을 한정하여 시장에서 기업의 경쟁을 제한할 수 있기에 경쟁정책과 밀접한 연관이 있으며, 지원의 당위성이 더욱 논란이 된다. 챔피언 기업을 지원하는 근거로는 규모의 경제로 인한 효과, 후방산업(upstream industries) 지원을 통한 해당 산업 및 전방산업(downstream industries)의 생산성 향상, 세계시장에서의 전략적 산업 입지 강화, 에너지나 통신과 같이 안보에 중요한 분야에서 외국 의존도 완화 등이 거론된다.[8] 이러한 맥락에서 보았을 때 월드클래스300 사업의 경우 전략적인 산업 혹은 기술개발을 지원하거나 규모의 경제로 인한 효과를 유도하는 등 정부지원의 근거가 명확하지 않은 사업이라고 할 수 있다.

본 절에서는 산업정책의 개념적 틀을 제시하고 해당 틀 안에서 우리나라의 선별적 지원정책인 월드클래스300 사업을 이해해 보았다. 결론적으로 산업정책 수립은 정책목표를 포함한 전략 수립과 그에 맞는 정책수단의 전략적 조합이다. 산업정책의 효과는 정책수단 간의 보완성을 식별하고 최적의 조합을 찾는 것과 이를 수행하는 투명하고 합리적인 거버넌스에 달려있다고 할 수 있다.

어떤 정책수단이 어떤 채널을 통해 활용되었을 때 목표를 효과적으로 달성할 수 있는지 정책수단 간의 보완성을 고려하여 전략을 수립하는 것이 중요하다. 이와 관련해서는 '제3절 선별적 산업정책의 필요성과 실효성에 대한 논의', '제4절 선별적 산업정책의 설계'에서 논의한다.

---

6 Criscuolo *et al.*(2022b).

7 Kim *et al.*(2021).

8 Criscuolo *et al.*(2022b).

제2절 우리나라의 기업지원 및 선별적 정책 규모

우리나라 정부는 창업 및 스타트업 지원, 스케일업 지원, R&D 지원, 정책금융 지원 등 기능별, 대상별로 다양하고 적극적인 지원을 펼치고 있다. 우리나라 정부는 복지정책을 기업지원으로 펼친다는 견해가 있을 정도이다. 본 절에서는 우리나라의 기업지원 규모가 어느 수준인지 다른 나라와 비교해 보자.

우선 중소기업 지원사업 및 선별적 지원사업의 현황을 제시한다. 정부의 다양한 지원사업 중 중소기업을 대상으로 한 사업의 경우 지원 내역이 중소기업 지원사업 통합관리시스템(SIMS)으로 관리되고 있다. 이를 활용하여 중소기업 지원 수준과 선별적 지원사업의 현황을 제시한다.

정부의 기업활동 지원 수준 비교를 위해 OECD Government expenditure by function(COFOG) 자료 중 기업활동과 관련한 정부지출인 경제활동(Economic affairs) 분야 정부지출을 활용한다. 또한 EU State aid Scoreboard 자료의 목적별 지출 자료 중 SMEs including risk capital(중소기업) 자료를 비교한다.

1. 중소기업 지원사업 규모

정부의 다양한 지원사업 중 중소기업을 대상으로 한 사업의 경우 중앙부처 및 지자체 세부사업 단위에서 파악이 가능하다. 중소기업 지원사업 기준은 '중소기업 지원이 주목적이거나, 중소기업 지원 비중이 30% 이상인 재정사업'으로 규정되며, 해당 사업은 2011년부터 중소기업 지원사업 통합관리시스템(SIMS)으로 관리된다.[9] SIMS 자료는 비공개자료이며, 중소기업 지원사업의 예산 정보를 세부사업 단위에서 공개하고 있는 「중소벤처기업부 중소기업지원사업 현황」 연도별 자료를 이용하여 지원사업

9 중소기업기본법 제20조의2(중소기업 지원사업 통합관리시스템의 구축・운영)를 근거로 지원사업의 지원이력 등 자료를 SIMS에서 통합관리.

규모를 파악하였다. 중소기업의 지원 비중이 낮아 중소기업 지원사업의 기준에 부합하지 않는 사업 중에서도 중소기업을 지원하는 사업이 있을 수 있다.

<표 2-1>은 2021년부터 2023년 사이의 중소기업 지원사업의 개수와 관련 예산을 나타낸다. 정부의 중소기업 지원사업은 2022년 기준 1,597개 사업에 35.4조원을 지원하였는데, 이는 해당 연도 GDP 대비 1.6%에 달하는 규모이다. 중앙행정기관은 2023년에 32.5조원을 지원하였는데, 이는 전체 중소기업 지원사업 예산 규모 대비 약 93%에 달한다. 중앙행정기관의 2023년 세부사업 수는 530개로 2022년 336개에서 크게 증가하였다.

<표 2-1> 중소기업 지원사업 현황(전체)

구분	2021		2022		2023	
	사업(개)	예산(조원)	사업(개)	예산(조원)	사업(개)	예산(조원)
전체	1,588 (100)	31.9 (100)	1,597 (100)	35.4 (100)	1,646 (100)	35.0 (100)
중앙행정기관	310 (19.5)	29.1 (91.2)	336 (21.0)	32.2 (91.0)	530 (32.2)	32.5 (92.9)
지방자치단체	1,278 (80.5)	2.8 (8.8)	1,256 (79.0)	3.2 (9.0)	1,116 (67.8)	2.5 (7.1)

주: 1) 괄호 안의 수치는 전체 중소기업 지원사업 대비 비중(%)을 의미하며, 소수점 둘째 자리에서 반올림함.
2) 자료 중 교육부 5개 세부사업(맞춤형국가장학금지원, 조기취업형계약학과선도대학육성 등)을 제외함. 해당 사업은 2021년과 2023년 자료에 존재하지 않음.
자료: 중소벤처기업부, 「중소벤처기업부 중소기업지원사업 현황」, 2022를 이용하여 저자 계산.

<표 2-2>는 2022년을 기준으로 중앙행정기관의 중소기업 지원사업을 부처별로 구분하여 나타낸다. 중소벤처기업부가 121개, 약 19조원 규모로 중소기업 지원의 약 60%를 담당하고 있지만 다른 여타 부처에서도 중소기업을 지원하는 사업이 다수 존재한다. 산업통상자원부, 고용노동부, 문화체육관광부, 농림축산식품부, 과학기술정보통신부, 환경부가 각각 5천억원이 넘는 규모로 지원하고 있다.

<표 2-3>은 중앙행정기관의 중소기업 지원사업을 분야별로 구분하여 나타냈는데, 예산 규모로는 금융 분야의 지원이 2023년 기준 15조원으로

<표 2-2> 2022년 중앙행정기관 부처별 중소기업 지원사업 예산

부처명	세부사업 수(개)	본예산(억원)
전체	336	321,774
중소벤처기업부	121	192,618
산업통상자원부	80	43,748
고용노동부	16	36,573
문화체육관광부	19	14,806
농림축산식품부	18	10,142
과학기술정보통신부	25	6,435
환경부	12	6,336
방위사업청	6	2,832
해양수산부	8	2,653
기획재정부	9	2,644
특허청	4	819
금융위원회	2	604
국토부	3	565
조달청	2	498
산림청	3	290
관세청	1	73
행정안전부	2	65
방송통신위원회	2	37
식품의약품안전처	2	27
기상청	1	11

주: 1) 자료 중 교육부 5개 세부사업(맞춤형국가장학금지원, 조기취업형계약학과선도대학육성 등)을 제외함. 해당 사업은 2021년과 2023년 자료에 존재하지 않음.
2) 2023년의 세부사업 수는 총 530개, 본예산은 총 324,815억원임.
자료: 중소벤처기업부, 「중소벤처기업부 중소기업지원사업 현황」, 2022를 이용하여 저자 계산.

전체 지원의 46.3%에 달하였고, 사업 수 기준으로는 기술 분야의 지원이 267개로 절반에 달하였다. 중소기업 지원사업은 주로 금융 및 기술 분야에서 지원되는 것을 알 수 있다. 2023년에 중앙부처의 사업 수가 크게 증가하였는데, 기술 분야와 경영 분야 사업이 세분화된 것이 큰 원인으로 보인다.

<표 2-3> 중소기업 지원사업 현황(중앙행정기관, 분야별)

구분	2021		2022		2023	
	사업(개)	예산(조원)	사업(개)	예산(조원)	사업(개)	예산(조원)
전체	310(100)	29.1(100)	341(100)	37.4(100)	530(100)	32.5(100)
금융	37(11.9)	14.8(50.6)	46(13.5)	18.5(49.4)	46(8.7)	15.0(46.3)
기술	159(51.3)	5.9(20.4)	162(47.5)	5.9(15.7)	267(50.4)	7.5(23.1)
인력	12(3.9)	4.2(20.4)	14(4.1)	3.1(8.2)	38(7.2)	4.3(13.3)
수출	21(6.8)	0.6(2.1)	24(7.0)	0.8(2.1)	35(6.6)	1.3(4.0)
내수	4(1.3)	0.1(0.3)	4(1.2)	0.1(0.2)	9(1.7)	0.1(0.4)
창업	22(7.1)	1.1(3.6)	19(5.6)	1.1(2.9)	19(3.6)	1.0(3.2)
경영	51(16.5)	2.4(8.2)	65(19.1)	3.1(8.3)	114(21.5)	3.1(9.7)
기타	4(1.3)	0.1(0.3)	7(2.1)	4.9(13.2)	2(0.4)	0.03(0.1)

주: 1) 괄호 안의 수치는 전체 중소기업 지원사업 대비 비중(%)을 의미하며, 소수점 둘째 자리에서 반올림함.
2) 본 표 이외의 표 자료에서는 2022년 자료 중 교육부 5개 세부사업(맞춤형국가장학금지원, 조기취업형계약학과선도대학육성 등)을 제외함. 본 표에서는 해당 사업의 기능별 구분 정보가 없어 제외하지 못함.

자료: 중소벤처기업연구원, 「중소기업지원사업 현황분석」, 각년도.

2. 선별적 기업지원사업의 규모

기업을 선별하여 지원하는 사업은 제1절에서 논의한 선별적 산업정책에 해당하며, 본 연구의 대상이 되는 사업이다. 선별 지원사업의 효과성은 사업의 목적에 부합하는 대상의 선별에 달려있기 때문에 선별 및 지원 방식의 개선은 사업의 효과성 제고에 직접적인 영향을 준다.

중소벤처기업부의 SIMS DB에서 2022년 기준 관리사업으로 등록된 사업의 수는 2,489개이다. 앞 소절의 <표 2-1>에서 제시한 중소기업 지원사업 현황의 2022년 세부사업 수 1,597개보다 많은 이유는 세부사업 안에서 여러 개의 내역사업이 수행될 수 있기 때문이다. 관리사업 중 실제 지원 내역이 존재하는 사업은 1,617개였다. 지원사업 모두가 특정 조건을 제시하고 그에 맞는 기업을 선별하여 지원하는 선별적(targeted) 사업은 아니다. 특정 조건이 없이 중소기업이면 지원할 수 있는 사업의 경우 선별적 지원사업에 해당하지 않는다. 이를 분별하기 위해서는 각 사업의 지원 대상 및 조건을 확인해야 하나 본 연구에서는 이를 일일이 구분하여 분석하지 않는다. 다만, 2022년 지원금액이 300억원 이상인 사업 중 선별적 지원사업을 분별하여 해당 사업명과 지원기업 수, 지원금액을 제시한다.

<표 2-4>에 중소기업 선별적 지원사업 중 700억원 이상이 지원된 사업을 지원금액순으로 나타냈고, 700억원 이하 300억원 이상 사업은 <부표 1>에 열거하였다. 두 표에 열거된 40개 사업으로만 2022년 한 해 2만 1,218개 기업에 약 3조 3천억원이 지원되었다. 사업의 대다수는 중소벤처기업부(중기부)와 산업통상자원부(산자부) 소관의 사업으로 R&D 지원사업에 해당한다. <표 2-4>와 <부표 1>에 포함된 선별적 지원사업은 정부지원이 보조금(subsidy) 형식으로 지원되는 사업으로 융자, 보증 등을 제공하는 금융지원사업은 포함하지 않았다.

예를 들면, <표 2-4>에서 1순위인 소재·부품 기술 사업의 경우 소재·부품 기술 확보 및 경쟁력 강화를 위해 소재·부품 및 장비 업종 분야에 한정하여 연구개발과제의 연구개발비를 지원하는 사업으로 기술성 및 경제성을 평가하여 선발한다. 2순위인 TIPS 사업은 민간투자사를 통해 유망한 창업기업을 선별하고 정부자금을 민간투자와 매칭 지원하는 사업이다. 팁스 운영사(민간투자사)가 1~2억원의 투자 후 추천 시, 정부가 R&D, 창업사업화 등에 최대 7억원을 매칭하여 지원한다. 선별적 지원사업은 지원 목적에 따라 대상이 한정되어 있으며, 서면 혹은 대면 평가를 통해 선별하는 과정이 존재한다.

<표 2-4>에 각 사업별 선별 기준을 해당 사업의 공고를 활용하여 간략히 소개하였다. 사업별로 지원 자격을 업력, 매출액 규모 혹은 특정 기술 및 산업으로 한정하여 설정하고, 해당 자격을 충족한 신청 기업 중에서 기술성, 사업성, 역량 등을 평가하여 선별하는 방식으로 사업이 운영된다. 초기 기업 선별에서 민간투자사가 주도하여 기업을 선별하는 프로그램은 중기부의 TIPS 프로그램이 유일하다.

<표 2-5>는 중기부의 중소기업 기술개발사업별로 지원대상을 구분한 것이며, <표 2-4>에 열거된 선별적 지원사업 중 중기부 기술개발 지원사업이 분류되어 있다. 업력과 매출액 기준으로 대상을 한정하여 창업 7년

<표 2-4> 2022년 중소기업 선별적 지원사업

소관	세부사업	관리사업	지원 건수	지원 기업 수	지원 금액(억원)
			선별 기준		
산자부	소재부품기술개발 (R&D)	소재부품기술개발 (패키지형, 이종기술융합형)	3,252	1,401	7,039
			기술성 및 개발능력, 경제성 및 사업성을 평가하여 점수가 높은 순위에 따라 지원함. 점수가 동일한 경우 기술성, 사업화 및 경제성, 가산점 항목순으로 개별 항목 점수가 높은 과제를 선정		
중기부	창업성장기술개발 (R&D)(일반)	TIPS	1,259	1,236	1,910
			중소기업을 창업하려는 자 혹은 업력 7년 미만인 중소기업(직전연도 매출액이 20억원 미만)을 대상으로 창업기업 역량, 기술 전문성을 평가, 민간투자사 주도로 선별 및 엔젤투자 매칭 지원		
중기부	중소기업기술혁신 개발(R&D)(일반)	시장확대형 기술개발	1,482	1,246	1,675
			최근 연도 매출액이 20억원 이상이면서 세부과제별 신청 자격을 충족하는 중소기업		
산자부	신재생에너지 핵심기술개발(R&D)	신재생에너지 핵심기술개발 (R&D)	362	286	1,327
			기술성, 연구역량, 인력활용, 사업화 및 경제성, 안전관리 방안 적정성 등을 종합적으로 평가하여 선별		
중기부	중소기업기술혁신 개발(R&D)(일반)	시장대응형 기술개발	1,503	1,220	1,285
			기술성, 사업성, 기술개발역량, 파급효과, 연구개발비 사용계획 등을 종합적으로 심사・평가		
중기부	ICT융합스마트공장 보급・확산	스마트공장 구축 및 고도화	1,176	1,173	1,064
			기술성 평가, 현장 확인 및 선정 심의 후 최종 선정		
산자부	에너지수요관리 핵심기술개발(에특) (R&D)	에너지효율 혁신기술개발	238	194	1,058
			신청자격은 각 사업별로 다름. 연구개발 필요성, 수행방법, 예상 성과, 수행능력, 연구개발비의 적정성 등을 종합적으로 평가		

<표 2-4>의 계속

소관	세부사업	관리사업	지원 건수	지원 기업 수	지원 금액(억원)
			선별 기준		
중기부	창업성장기술개발 (R&D)(일반)	디딤돌	1,627	1,518	989
			창업 7년 이하이고, 최근 연도 매출액이 20억원 미만이면서 중기부 R&D를 처음 수행하는 창업기업으로 기술성, 사업성, 기술개발역량 등을 평가하여 선정		
중기부	창업사업화지원	예비창업패키지	1,848	1,848	832
			창업아이템 개발 동기, 실현 가능성, 성장전략, 기술역량 등을 종합적으로 평가하여 선정		
산자부	전자부품산업 기술개발(R&D)	디스플레이 혁신공정 플랫폼구축	272	144	767
			기술성, 연구역량, 인력활용, 사업화 및 경제성, 안전관리 방안 적정성 등을 종합적으로 평가하여 선별		
중기부	규제자유특구 혁신사업육성(R&D)	규제자유특구 혁신사업육성 (R&D)	243	209	766
			특구별 지원대상과 선정방식이 상이하나 보통 특구사업자 (중소기업)를 대상으로 계획수립의 적정성, 사업화 역량 등을 평가하여 선정		
중기부	지역특화산업육성+ (R&D)	지역주력산업육성	796	621	700
			주관연구개발기관은 중소기업으로, 연구개발과제의 기술성, 사업성, 경영능력, 중점지원방향과의 부합성 및 일자리 평가 등을 종합평가		

주: 1) SIMS의 관리대상 사업 중 2022년 기준 연간 지원금액이 700억원 이상인 사업에 해당함.
2) 산자부는 산업통상자원부, 중기부는 중소벤처기업부를 의미함.

자료: 1) 중소벤처기업부, 「SIMS DB 2022년 관리사업 현황관리」.
2) 선별기준은 사업 순서대로 산자부, 「2022년도 소재부품기술개발사업(패키지형) 신규지원 대상 연구개발과제 공고」; 중기부, 「2022년 팁스(TIPS) 창업기업 지원계획 통합공고」; 중기부, 「2022년도 중소기업기술혁신개발사업 시장확대형 시행계획(2차) 공고」; 산자부, 「2022년도 제4차 신재생에너지핵심기술개발사업 신규지원 대상 연구개발과제 공고」; 중기부, 「시장대응형 기술개발, 2022년 하반기 중소기업기술혁신개발사업(시장대응형) 지원내용」; 중기부, 「2022년도 ICT 융합 스마트공장 보급·확산사업 공고」; 산자부, 「2022년도 산업기술혁신사업 통합 시행계획 공고」; 중기부, 「2023년도 창업성장기술개발사업 디딤돌 서비스R&D 과제 시행계획 공고」; 중기부, 「2022년도 예비창업패키지 예비창업자 모집 공고」; 산자부, 「2022년도 전자부품분야(반도체, 디스플레이, 산업융합) 신규지원 대상 연구개발과제 재공고」; 충남테크노파크, 「2022년 규제자유특구혁신사업육성(기업지원)사업 지원 모집 공고」; 중기부, 「2022년도 지역특화산업육성+(R&D) 지역주력산업육성 지원계획 수정 공고」를 활용함.

<표 2-5> 중소벤처기업부 중소기업 기술개발사업 지원대상 구분

구분	창업 7년 이내, 매출액 20억원 미만 중소기업	매출액 20억원 이상 중소기업
세부사업	창업성장기술개발	중소기업기술혁신개발
내역사업	TIPS	수출지향형, 강소기업100
	전략형	시장확대형, 소부장전략
	디딤돌	시장대응형, 소부장일반

자료: 중소벤처기업부, 「2023년도 창업성장기술개발사업 디딤돌 서비스R&D 과제 시행계획 공고」.

이내의 중소기업 중 최근 연도 매출액이 20억원 미만인 기업은 “창업성장기술개발사업”으로, 업력과 상관없이 매출액 20억원 이상인 경우 “중소기업기술혁신개발사업”으로 지원 신청이 가능하다. 창업 후 8년 이상이며 매출액 20억원 이하인 기업은 지원대상에서 제외되는 것을 알 수 있다.

정부 중소기업 지원 중 금융지원사업은 앞 소절의 <표 2-3>에서 보인 것과 같이 지원규모가 가장 큰 사업이다. 주요 사업은 신용보증 지원, 기술보증 지원, 창업사업화 자금지원 등이다. <부표 2>에 중기부의 중소기업 정책자금 융자사업 통합공고에 제시된 융자계획 공고(요약) 표를 그대로 옮기면서 선별적 지원사업을 표시하여 나타냈다. 표에는 융자사업의 사업명과 지원대상, 업력 조건, 대출금리 등이 제시되어 있다.

3. 기업활동 지원 정부지출 국제 비교

기업을 선별하여 지원하는 사업, 기업활동을 위한 생태계 전반 및 기술개발을 지원하는 사업, 특정 산업을 지원하는 사업, 기업활동에 필요한 물류, 통신 등 인프라를 구축하는 사업 등 기업활동과 관련한 사업의 범위는 광범위하며 국가마다 예산관리체계 또한 차이가 있어 국가 간 기업활동 혹은 기업을 직접 지원하는 정도를 비교 제시하는 데 어려움이 있다.

국가 간 기업활동 지원 지출 수준을 비교하기 위해 OECD.Stat 데이터베이스에서 제공하는 국가계정(National Accounts) 자료의 기능별 정부지출(Government expenditure by function: COFOG) 자료를 활용한다. COFOG 자료는 정부지출을 일반공공행정, 국방, 공공질서 및 안전, 경제활동, 환경보호 등 10개 분야로 구분한다. 10개 분야 중 기업활동과 관련한 정부지출인 경제활동(Economic affairs) 분야 정부지출을 이용하였다.

경제활동 분야 정부지출에는 교통(Transport)부문 정부지출이 포함되어 있는데, 해당 부문은 경제활동을 간접적으로 지원하는 부문이면서 국가 간 경제발전 성숙도에 따라 지출의 정도가 상이하여 해당 부분을 차감하여 기업활동 지원 관련 정부지출로 계산하였다. 우리나라의 경우 경제활동 분야의 세부기능별 지출 데이터가 없어 열린재정 재정정보공개시스템상의 분야별 세출예산 중 교통 및 물류 예산을 교통부문 정부지출로 고려하였다.

[그림 2-2]에서 OECD 회원국의 GDP 대비 기업활동 지원 관련 지출 수준(경제활동 분야 지출)을 나타내었는데, 우리나라의 경우 4.79%로 자료가 가용한 30개 국가 중 3위에 위치하며 30개국 평균 3.5%에 비해 높은 지출 수준을 보이고 있다. 해당 지출은 에너지, 농림수산을 포함한 산업 전반, 통신 등 넓은 범위에서 경제활동과 관련된 정부 지출을 포함하고 있어 앞에서 살펴본 기업지원사업에 대한 지출은 그 일부에 해당한다.

국가 간 중소기업을 직접 지원하는 사업의 지출 수준을 비교하기 위해 EU State aid Scoreboard(2022)의 17개 목적별 지출 자료 중 SMEs including risk capital(중소・벤처기업) 자료를 활용한다.

유럽연합(EU)은 역내 국가들에서 경쟁을 효과적으로 유지하는 것이 유럽기업이 글로벌 환경에서 경쟁력을 갖추는 데 근본적인 역할을 한다는 인식하에 기업 간 공평한 경쟁의 장을 보장하기 위해 경쟁을 제한할 수 있는 개별 국가의 특정 기업에 대한 선별적 지원을 통제한다. 유럽연합 기능조약(Treaty on the Functioning of the European Union: TFEU)의 Article 107는 예외적으로 정당화되지 않는 한 일반적으로 선별적 지원을

[그림 2-2] OECD 회원국별 GDP 대비 기업활동 지원 관련 정부지출 비율

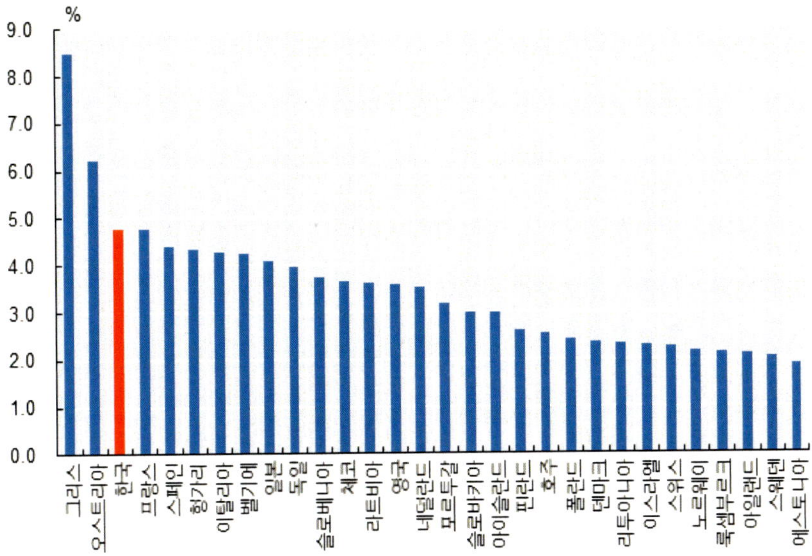

주: 1) COFOG 자료의 경제활동(Economic affairs) 분야 정부지출 합계에서 교통(Transport)부문 정부지출을 제외한 후 GDP로 나누어 산출.
2) 한국의 경우 경제활동 분야의 세부기능별 지출 데이터가 없어 열린재정 재정정보공개시스템상의 분야별 세출예산 중 교통 및 물류 예산을 교통부문 정부지출로 고려함.

자료: OECD.stat, "Government expenditure by function (COFOG)," 2021.

금지하고 있다. EU의 국가 지원 통제(State aid control)는 회원국의 새로운 지원정책에 대해 위원회에 사전 통지를 요구한다. 예외적인 경우를 제외하면 회원국은 정책 시행 전에 위원회의 승인을 기다려야 한다.

EU는 개별 국가의 지원 현황에 대한 투명하고 공개적인 접근이 가능하도록 하기 위해 규정(Article 6 of Commission Regulation(EC) 794/20047)을 통해 회원국이 제공한 지출 보고서를 기반으로 State aid Scoreboard를 매년 게시하고 있다.

[그림 2-3]에서 2021년을 기준으로 EU 국가 간 중소기업을 지원하는 사업의 지출 수준을 해당 국가의 GDP 대비 비율로 비교한 결과, 27개 국가의 평균(GDP 대비) 지출 비중은 0.03% 수준에 해당하였다.

관리대상 사업 기준이 상이하여 직접 비교가 불가하나 우리나라 중소기업 지원사업 규모는 2022년 기준 GDP 대비 1.6%에 달한다. 중소기업

[그림 2-3] EU 회원국별 GDP 대비 중소·벤처 기업 지원지출 비율

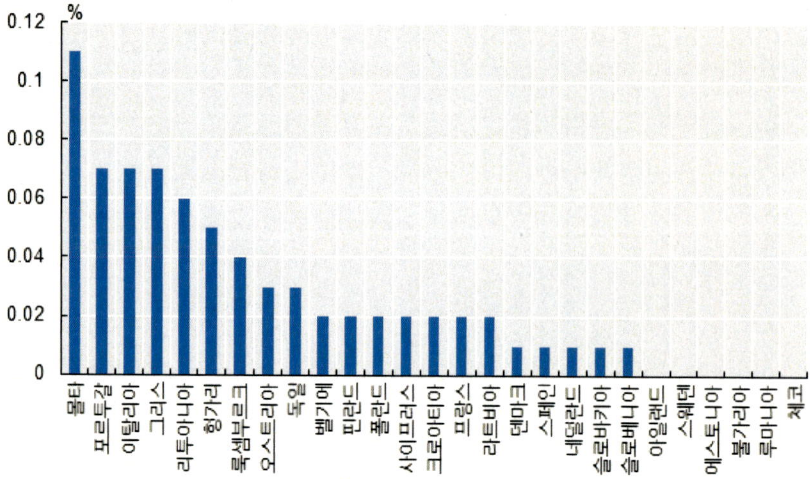

주: 1) State aid Scoreboard 자료의 Aid by main objectives 중 SMEs including risk capital (중소·벤처 기업) 2021년 자료 이용.
2) 수치가 없는 국가는 자료가 없는 것이 아닌 0%에 해당하는 국가임.
자료: European Commission, "State aid Scoreboard," 2022.

지원사업 중 금융지원을 제외한, <표 2-4>와 <부표 1>에 포함된, (300억 원 이상 지원규모의) 선별적 지원사업의 지원규모는 GDP 대비 0.15%에 달하는데, 이는 사업 운영과 관련된 예산을 포함하지 않은 규모로 우리나라의 지원 수준이 상당히 높은 것으로 보인다.

EU State aid Scoreboard에 포함되는 정부지출은 경제 전반의 활동을 지원하는 사업은 포함되어 있지 않고 기업을 선별적으로 지원하는 사업만 포함되어 있어, 우리나라 중소기업 지원사업 예산에 포함된 사업과 기준이 상이하여 직접 비교가 불가함을 유의할 필요가 있다.

EU의 경우 기업을 선별적으로 직접 지원하는 사업이 제한적으로 시행되고 있는 점을 감안하여 미국과 일본에서 중소기업을 지원하는 주요 기관의 예산을 우리나라의 중소벤처기업부의 예산과 비교하여 본다. 중소벤처기업부는 중소기업과 벤처기업을 정책의 주요 대상으로 기업활동을 지원한다. 일본의 국가행정조직은 1부 11성으로 이루어져 있으며, 11성 중 하나인 경제산업성 내에 중소기업청이 위치한다. 미국의 중소기업청(U.S.

<표 2-6> 2022년 국가별 중소기업 관련 부처 예산, GDP, GDP 대비 예산 비중

(단위: 백만달러, %)

	한국 (중소벤처기업부)	일본(중소기업청)		미국(SBA)	
		본예산	제2차 보정예산	SBA 예산안	USAspending.gov
예산	14,720	833	8,510	1,031	44,250
GDP	1,673,916	4,232,193		25,439,700	
GDP 대비 예산 비중	0.88	0.02	0.20	0.004	0.17

주: 한국, 일본의 예산은 2022년 평균 환율을 활용하여 달러로 환산함. 한국은 1달러에 1,292.2원, 일본은 1달러에 131.5엔을 적용하여 계산(통계청, 「2022년 평균 환율 자료」, https://kosis.kr/statHtml/statHtml.do?orgId=101&tblId=DT_2KAA811, 접속일: 2024. 1. 29).

자료: 중소벤처기업부, 「2022년 예산 역대 최고 19조원 확정」, 보도자료 2021. 12. 3; 일본 중소기업청 보도자료(https://www.chusho.meti.go.jp/koukai/yosan/r4/r4hosei-r5touhso_point.pdf, 접속일: 24. 1. 29); U.S. Small Business Administration, *FY 2024 Congressional Justification*, *FY 2022 Annual Performance Report*, USAspending.gov(https://www.usaspending.gov/agency/small-business-administration?glossary=budgetary-resources&fy=2022, 접속일: 2024. 1. 8); World Bank 국가별 GDP(https://data.worldbank.org/indicator/NY.GDP.MKTP.CD?view=chart, 접속일: 24. 1. 29).

Small Business Administration: SBA)은 중소기업과 기업가(entrepreneurs)를 지원하는 정부의 독립된 기관이다. 우리나라의 경우 중소기업청이 산업통상자원부 산하 외청으로 차관급 정부기관으로 기능하다가 2017년 장관급인 중소벤처기업부로 격상되었고 중견기업에 관한 사무는 산업통상자원부로 이관되었다.

<표 2-6>에서는 2022년 기준 각 기관의 예산과 해당 기관 국가의 GDP 대비 예산 비중을 비교하여 제시하였다. 일본의 경우 2022년 본예산 이외에 제2차 추가경정예산의 규모를 제시하였다. 미국은 중소기업청 예산 이외에 중소기업청이 가용한 예산 자원(budgetary resources) 규모를 제시하였다. 일본과 미국 모두 비중이 GDP 대비 0.2%와 0.17% 수준이지만 한국의 중소벤처기업부의 예산은 GDP 대비 0.88%에 달하여 두 국가에 비해 상당히 큰 비중의 예산이 투입되는 것을 알 수 있다. 예산 규모는 해당 기관 간 위상과 역할 등의 차이가 있기에 직접적인 비교가 어렵지만 우리나라는 중소기업 지원부문에서 다른 나라들에 비해 상대적으로 높은 위상의 기관을 통해 상당한 예산을 할당하고 있다고 할 수 있다.

제3절 선별적 산업정책의 필요성과 실효성에 대한 논의

제1절에서 소개한 산업정책의 개념적 틀을 통해 보았을 때 선별적 산업정책은 정책수단의 대상과 관련하여 특정 조건에 맞는 기업을 선별하여 지원하는 정책으로 수평적 정책과 보완적으로 활용될 수 있다. 예를 들면 우리나라 기업의 혁신활동을 활성화함에 있어, 수평적 정책인 R&D 세액공제제도가 R&D 투자 효율성이 높은 기업의 혁신활동을 지원하는 데 효과적일 수 있으며, 글로벌 선도 기업을 육성하기 위해 특정 조건을 만족하는 기업 중 심사를 통해 선별하여 신기술 개발을 지원하는 국가 챔피언(National champion) 기업 육성정책과 같은 선별적 정책을 시행하기도 한다.

최근 몇 년간 글로벌 공급망 위기 및 선진국 기술패권 경쟁구도 속에서 특정 제품 또는 기술 개발을 지원하는 선별적 정책이 각국에서 적극적으로 시행되고 있다. 이러한 선별적 산업정책은 기술개발과 기업성장에 도움을 주기 위해 시행되지만 선별적 산업정책의 효과성에 대한 증거는 매우 제한적이다. 정부가 기업을 선별하는 과정에서 발생할 수 있는 정보의 비대칭성 문제 및 비효율, 정부지원으로 인한 민간투자 저해, 기업 간 경쟁 저해 문제 등이 선별적 산업정책의 효과성을 담보할 수 없게 하는 문제로 지적된다.

정책의 필요성을 옹호하는 논리는 우선 정책의 개입으로 시장의 불완전성을 보완할 수 있다는 것이다. 우리나라의 중화학공업 육성정책의 경우 초기 투자가 저조하며 생산성이 낮으나 생산에 투입되는 자본재로서의 역할을 하는 산업에 투자를 유도함으로써 이러한 시장의 불완전성을 보완하는 역할을 하였다고 볼 수 있다. Liu(2019)는 산업연관관계를 고려했을 때, 시장의 불완전성이 수요와 연계되어 후방산업(upstream sector)에 가장 집중되어 규모의 왜곡이 가장 크게 나타날 수 있음을 밝혔고, 해당 논리는 정부가 해당 산업을 지원할 근거를 제시한다. 우리나라는 중화학공업 육성정책 이후에도 최근까지 핵심전략산업 육성, 혁신성장 8대 선도사업, 신산업 4.0 전략 등 지속해서 선별적 산업정책을 시행하고 있다. 이 외에도 다른 국가들과의 무역, 외국인직접투자 등으로 인해 발생하는 특정 산업에서의 손실 혹은 경쟁력 하락에 대해 정부가 지원하기도 한다.

둘째, 디지털 전환 및 기후변화, 고령화와 같은 글로벌하고 구조적인 문제와 빠른 기술 발전 및 변화에 대해 정부가 전략적이고 목표 지향적인 산업정책을 통해 대응할 필요성을 주장한다. 특히 선별적 산업정책이 기후변화, 글로벌 공급망 변화 등에 대응하여 불확실성을 해소하고 시장을 창출하며 혁신을 주도하는 데 역할을 할 수 있다고 기대한다. 산업정책을 통해 특정 방향을 설정하여 민간의 투자를 유도하는 역할을 할 수 있다고 믿는다.

디지털 경제로의 전환과 네트워크 외부성이 증가하는 산업에서는 플랫폼 비즈니스 모델을 통해 승자가 시장의 대부분을 차지하는 경우가 많아지고 있다. 또한 과학기술 경쟁력이 국가안보에도 영향을 미친다는 인식하에 자국의 산업 이익을 극대화하기 위해 각국이 기술에 대한 투자를 적극적으로 장려하는 기술패권 경쟁이 심화되고 있다. 현재 우리나라에서는 핵심전략기술, 국가전략기술, 국가첨단전략기술 등 기술을 선별하여 지원하는 전략을 다수 시행하고 있다.

선진국 정부들은 글로벌 선도 위치를 확보하기 위해 새로운 기술에 적극적으로 투자 의향을 표명하고 있다. 또한 국가 대표기업을 육성하여 경쟁력을 확보하려는 전략을 가지고 있는데, 국가 챔피언 기업(National champion) 육성정책이 이에 해당한다. 이 외에도 글로벌 가치사슬에서의 고부가가치 단계 위치 확보도 산업정책의 목표로 고려되고 있다.[10]

마지막으로 장기적인 생산성 성장 둔화와 임금 불평등 증가 등의 문제에 대응할 필요가 있다. 우리나라에서는 중소기업과 대기업 간의 양극화 수준을 완화하는 방안으로 중소기업 지원 이외에도 강소·중견 기업의

10 Franco-German Manifesto(2019); European Political Strategy Centre(2019) 참고.

혁신역량 강화 지원의 당위성을 제시하기도 한다.

위와 같은 정책의 필요성에도 불구하고 선별적 산업정책의 효과는 경제학자와 정책입안자들 사이에서 지속적인 논쟁의 주제이며 선별적 산업정책의 단점이 크다고 주장하는 측도 있다.[11] 이들은 정부가 특정 사례를 선별하여 성공 사례라고 홍보하는 경우가 많지만 그 이면에 다음과 같은 문제가 있다고 지적한다.

첫째, 정부가 지원할 '최고의' 정책대상을 선택할 때 정보가 부족할 가능성이 높다. 선별적 산업정책의 성공은 정부가 올바른 대상을 선택하는 능력에 달려있다. 성공을 위해서는 지원으로 인한 예상 이익, 관련된 위험, 파급효과, 다른 사업에서의 성과 등에 대한 방대한 양의 정보가 갖춰져야 한다. 이러한 정보는 추정하기 어려운 문제도 있지만 민간기업이 정보에 보다 쉽게 접근할 수 있다. 사업 담당자들이 바로 활용하기 어렵게 정보가 산재해 있거나 분석과 관련한 전문가가 필요할 수도 있다.

둘째, 지원이 의도한 대상과 다른 대상이 선별될 수 있으며, 기업은 생산적인 활동보다는 로비와 지대추구에 집중할 수 있다. 이는 공공부문과 민간부문 간 정보 비대칭으로 인해 발생한다. 이러한 정보 비대칭 때문에 우리나라에서 지원사업에 선정되기 위해 관련된 사업계획서 등을 작성해주고 지원 수혜 시 그 금액의 일정 비율을 가져가는 방식으로 컨설팅 회사가 비즈니스를 하고 있다. 그 과정에서 자원이 낭비될 수 있으며, 특히 공공자금이 다른 곳에 쓰일 수 있는 기회비용이 높을 때 이러한 선별적 지원이 문제가 된다. 또한 사후적으로 지원 이후 성과가 낮게 나온 사업에 대해 해당 사업을 적극적으로 구조조정하거나 폐지할 유인이 낮은 문제도 있다. 민간기업의 경우 어떤 사업이 성과를 보이지 않을 경우 훨씬 빠르게 구조조정을 할 것이다.

셋째, 정부지원은 민간투자를 보완하고 장려하기보다는 민간투자를 저해할 수 있다. 국가 챔피언 지원사업과 같이 특정 기업을 선별하여 지원하는 사업은 시장경쟁을 왜곡할 수 있으며, 이는 비효율성을 초래하고

---

11 Lincicome(2021) 참고.

동일한 부문에 대한 외국 및 국내 투자를 저해할 수 있다. 경쟁정책과 합치하지 않는 어려움도 존재한다. 선별적 지원은 결국 불가피하게 승자를 선택하는 방식으로 특혜가 특정 기업에만 주어져 비효율적이거나 경쟁력이 없는 기업을 지원하는 경우 좀비기업의 생존으로 이어질 수 있다. 이는 경쟁의 공평성을 저해할 뿐 아니라 더 큰 문제는 경제 전반의 생산성이 향상되는 방향으로의 자원 재분배를 늦추게 될 위험이 있다는 것이다. 또한 정부지원에 크게 의존하는 기업은 지속적인 지원을 기대하며 혁신하거나 자원을 효율적으로 관리하는 데 덜 주력할 수 있다.

이러한 문제들은 선별적 산업정책이 '승자 선정의 위험(The risk of picking winners)'에 항상 노출되어 있다는 점을 보여준다. 선별적 산업정책에서도 특히 기업을 선별하여 지원하는 국가 챔피언 육성정책의 경우 승자 선정의 위험이 더욱 높다. 상대적으로 규모가 큰 기업을 선정하여 지원하는 경우 관련된 기술을 활용하여 시장에서 충분히 투자를 받거나 금융시장에서 투자에 필요한 비용을 대출받을 수 있는 경우가 많아 정부의 지원에 대한 당위성이 부족한 경우에 해당한다. 그럼에도 기업은 지대추구를 위해 혹은 경쟁력을 잃어감에도 기업이 혜택을 받기 위해 정부사업에 지원할 수 있다. 국가 챔피언이 국제시장에서 경쟁할 수 없는 경우 정부지원에 의존하게 되어 비효율과 자원 낭비로 이어질 수 있다. 국가 챔피언으로 선정되지 않은 기업과의 경쟁 저해 문제도 존재한다. 이러한 문제 때문에 국가 챔피언 육성 지원의 경우 정책목표 달성을 위해 수평적 전략을 우선하여 검토하고 선별적 지원사업을 운영할 시에는 실효성을 검토하고 효과성을 높이기 위해 관련된 정보를 면밀히 검토할 필요가 있다.

정책의 성공은 신중한 설계, 구현 및 지속적인 모니터링 및 평가에 크게 의존한다. 다음 절에서는 선별적 산업정책을 설계함에 있어 고려해야 할 사항에 대해 논의한다.

제4절 선별적 산업정책의 설계

선별적 산업정책이 다른 산업정책 수단과의 보완적 관계를 고려하여 기업의 투자 유인을 강화하는 방향으로 설계되었을 때 기술 변화와 성장을 이끄는 유용한 정책수단이 될 수 있다. 선별적 산업정책이 효과적이기 위해서는 기업 입장에서 기술과 인적자본의 원활한 이동과 접근이 가능한지, 자본시장은 제대로 기능하는지, 건전한 경쟁이 제한되고 있지 않은지, 관련 인프라는 갖춰졌는지 등 전반적인 기업환경과 관련된 시장, 노동, 경쟁, 무역 및 투자 정책이 보완적으로 작동해야 한다.

선별적 산업정책의 설계는 정책이 달성하고자 하는 목표가 무엇이며 목표 달성을 위해 누구를 선별하고 어떻게 지원할 것인가에 관한 문제이다. 우선 목표 설정에서 정부의 개입이 정당화될 수 있는 시장의 실패 영역이 명확히 제시되어야 한다. 기후변화에 대응하는 기술개발 혹은 공급망 충격에 대응하는 회복탄력성 제고 등 사회적 과제 해결을 위한 방향으로 목표가 명확하게 제시되었을 때 해당 목표를 달성하기 위한 임무 중심의 전략 혹은 기술 중심의 전략 등 전략 유형을 설계할 수 있다.

Mazzucato *et al.*(2023)은 산업정책이 공공의 가치를 증진시키기 위해 공공의 이익을 극대화하는 조건을 고려하여 설계될 수 있다고 주장한다. 원칙적으로 공공지원은 수혜자가 특정 행동을 하는 대가로 제공되며, 이러한 조건을 고려하는 것을 조건성(conditionality)이라고 한다. 목표(공공의 가치)가 설정되면 수평적 정책을 보완하는 도구로 선별적 산업정책이 설계되어야 하는데, 여기서 중요한 것은 도구(선별적 산업정책)가 요구하는 조건성(conditionality)이 목표와 합치되는 것이다. Mazzucato *et al.*(2023)은 경제발전을 위한 목적에 합치하는 조건성이 부여된 경우로 우리나라와 대만에서 1960년대 초기 도약기 동안 기업이 명시적인 수출목표를 달성하는 조건에 따라 신용자금 및 세금혜택이 부여된 경우를 성공적인 사례로 들고 있다. 최근에도 2022년에 합의된 미국의 「칩과 과학법(CHIPS and Science Act)」은 미국 내 반도체 시설 투자가 이루어지도록 인센티브를 제공하는 전략으로 경제 및 국가안보 기여도, 성공 가능성, 재무건전성, 기술타당성 등의 기준을 통해 인센티브 제공 조건을 제시하고 있다. 이 외에도 혜택을 환수하는 요건 및 초과이익 환수, 미국산 철강 및 건설자재 사용계획 제출 등의 조건 또한 제시하여 정책의 목적에 부합하도록 기업의 투자 및 활동 조건을 명시하고 있다.

산업정책에서의 조건성은 혜택을 제공하는 대가로 기업의 행동 변화에 적용되는 조건이며, 조건성이 부여되기 위해 정부와 민간부문 간의 상호작용이 필요하다. 명확한 목표와 그에 부합하는 조건성은 의도한 방향으로 민간의 협력과 혁신을 이끌어내는 데에 도움이 되지만 그의 부재는 정책의 성공 가능성을 낮춘다. 목표가 명확하지 않거나 조건성이 암시적으로 주어지는 경우 기업이 단순히 보조금 등의 혜택을 받기 위해 지원받는 경우가 상당할 수 있다.

선별적 산업정책의 경우 정책목표에 부합하는 대상 선별 기준과 성과지표가 연계되어 설정될 수 있다. 선별 과정에서 정책 수혜를 받는 노하우를 잘 아는 기존 기업을 주로 선별하게 되는 경우가 많은 사업의 경우 상대적으로 업력이 짧거나 규모가 작은 기업이 선별에서 배제되지 않는 방식을 고려할 수도 있다. 선별 과정이 복잡하고 관련된 서류 준비 및 행정비용이 높을수록 이러한 경우가 발생하기 쉽다.

선별의 기준은 지원이 없었을 때에 비해 정부지원 시 효과가 크게 나타나는 효과성이 핵심적인 기준으로 고려되어야 한다. 사전적으로 효과성을 분별하기 어려울 수 있으나 정부는 정책의 평가와 정기적인 재평가에 중점을 두고 지원의 효과성이 큰 대상을 분별해야 한다. 최근의 디지털 기술 발전과 가용한 데이터의 증가는 평가를 보다 빠른 시의적절한 시기에 저렴한 비용으로 시행할 수 있게 한다. 예를 들어, 김민호・한재필(2020)은 기업지원정책의 효과성을 높이기 위해 기업지원의 대상을 선별하는 데 AI를 활용하는 방안을 제시하고 있다. 지원 정보와 기업의 특성 정보를 결합하여 분석한 성과평가를 통해 정책의 효과성이 높은 특성을 분별하고 이를 정책대상 선별방식을 개선하는 데 활용할 수 있다.

본 절에서 논의한 목표의 명확성, 조건성, 선별 및 평가 방식 등을 실제 시행되고 있는 선별적 산업정책에 적용하여 해당 정책의 설계방식과 개선방안에 대해 논의할 수 있다. 본 연구의 제4장에서는 성장의지와 잠재력을 갖춘 중소·중견 기업의 글로벌 시장 확대를 지원한 우리나라의 월드클래스300 사업 사례를 이용하여 구체적으로 논의할 것이다. 월드클래스300 사업은 선별적 산업정책인 국가 챔피언 기업 육성정책에 해당한다. 선별적 기업지원사업의 설계 및 효과성에 대한 논의 이전에 다음 장에서는 우리나라의 산업성장과 관련된 동학을 살펴보겠다.

제3장

최근 10년간 한국의 산업성장 추이

본 장에서는 2011년부터 2021년까지 최근 10년간 산업별, 기업규모별 성장동학을 제시하여 어떤 산업에서 부가가치와 고용이 창출되었는지 이해하고 규모별 기업 간 성장 및 생산성의 차이를 살펴본다.

산업동학을 이해하는 것이 중요한 이유는 산업정책 설계 시 유용하게 활용될 수 있기 때문이다. 예를 들어, 산업성장 추세와 일자리 이동에 대해 정량적으로 파악하여 우리나라 산업구조의 변화 양상을 이해할 수 있다. 산업이 성숙한 제조업 부문은 자동화와 효율성 향상을 지원하는 정책이 효과적일 수 있으며, 성장 추세를 아는 것은 미래 산업의 필요를 예측하여 인프라에 투자하고 교육 및 훈련을 통해 관련 인력을 양성하는 데 도움이 될 수 있다.

또한 경제안정성과 관련하여 우리나라 경제구조가 특정 산업 혹은 기업에 지나치게 의존하고 있지 않은지 가늠할 수 있다. 산업정책은 좋은 일자리 창출과 전반적인 경제성장으로 이어질 수 있을 때 효과적이라 할 수 있으며, 성장잠재력과 좋은 일자리 창출 가능성이 높은 부문에 대한 이해가 도움이 될 수 있다.

산업정책과 관련하여 산업 및 기업 역학에 대한 이해가 중요한 이유는 지속적인 모니터링을 통해 정책의 영향을 측정하고 정책의 실효성을 점검하고 효과성을 높이기 위한 조정을 할 수 있기 때문이다.

본 장에서 「기업활동조사」를 이용하여 분석한 결과는 규모가 있는 중소기업과 중견기업의 생산성, 사업체 수, 연구개발비가 지난 10년간 감소 혹은 정체한 현상을 보여준다. 이는 기업이 성장 장벽을 극복하고 규모 있는 기업으로 성장하도록 돕는 스케일업 정책이 의도한 산업의 허리를 강화하는 데 실효성이 있는지 점검할 필요를 나타낸다.

제1절 분석자료 및 생산성 추정

1. 분석자료

본 장의 분석에서는 한국생산성본부의 「생산성 통계DB」와 통계청의 「기업활동조사」 자료를 활용한다. 한국생산성본부의 「생산성 통계DB」를 통해 산업 중분류별 실질부가가치, 노동투입, 생산성 수치를 시계열로 구할 수 있다. 이를 활용하여 산업별 성장 추이를 살펴본다.

「생산성 통계DB」와 「기업활동조사」 간 조사대상 차이가 존재하여 결과 비교에 유의할 필요가 있다. 「생산성 통계DB」는 통계청의 「광업・제조업조사」와 「서비스업조사」를 기반으로 작성되기에 조사대상이 사업체이며, 각 산업의 경영실태를 종합적으로 파악하기 위한 조사이기에 조사대상 범위가 넓다. 「기업활동조사」는 사업체가 아닌 일정 규모 이상의 기업을 대상으로 한다.

통계청의 「기업활동조사」 자료는 한국생산성본부의 「생산성 통계DB」에서 제공하는 부가가치, 노동투입 등의 자료 이외에도 연구개발비, 4차 산업혁명 기술 활용 여부 등 지식자본과 관련된 활동을 포함하여 기업의 다양한 경영활동을 포괄하고 있는 자료이다. 「기업활동조사」는 전 산업을 포괄하고, 조사는 일정 규모를 충족하는 기업(국내 회사법인 중 상용근로자 50인 이상, 자본금 3억원 이상인 기업체)을 전수 대상으로 한다.[12]

---

12 도소매업 및 서비스업의 경우 기업체의 상용근로자 수가 50인 이하여도 상용근로자 수 5인 이상이고 자본금이 10억원 이상인 경우 조사대상에 포함된다.

「기업활동조사」의 조사대상이 규모가 있는 기업으로 한정되어 우리나라 기업 전체를 대변하기 어려우나 해당 기업이 경제에서 차지하는 비중이 크고 기업 수준에서 다양한 측면의 경영활동을 분석할 수 있는 장점이 있다.[13] 특히 본 연구의 제4장에서 다루는 월드클래스300 사업의 경우 규모가 중견기업이거나 중소기업 중에서도 규모가 있는 기업을 대상으로 한다. 따라서 월드클래스300 사업 지원기업과 연계하여 분석하기 위한 자료로서 「기업활동조사」가 적합하다.

「기업활동조사」를 활용하여 기업규모를 중소기업, 중견기업, 대기업으로 구분할 수 있다. 2015년에 개정된 중소기업 범위 기준(중소기업기본법 제2조 및 같은 법 시행령 제3조)에 따르면, 중소기업은 크게 규모 기준과 독립성 기준을 모두 충족해야 한다. 본 연구에서는 중소기업을 규모 기준만을 이용하여 분류하였다. 규모 기준은 다시 업종별 규모 기준과 상한 기준으로 나뉘는데, 주된 업종의 3년 평균 매출액이 업종별 규모 기준 이하이면서 자산총액 5천억원 미만(상한 기준)인 기업이 중소기업에 해당한다. 중소기업 범위 기준에 따르면, 중소기업은 계열관계에 따른 독립성 기준 또한 충족해야 하는데, 이는 「기업활동조사」 자료만으로 판단할 수 없어 적용하지 않았다.

대기업의 경우 자산총액 5조원 이상인 기업으로 분류하였다.[14] 공정거래위원회에서 공정거래법에 따른 공시 의무 부과대상인 공시대상 기업집단(대기업집단) 지정 기준을 자산 5조원 이상의 기업으로 운영하고 있는 현실을 고려하였다. 참고로 자산총액 합계액이 10조원을 넘으면 상호출자제한 기업집단으로 지정되고 공시의무 외에 상호출자, 채무보증, 의결권 제한 등의 규제가 추가로 적용된다.

---

13 2017년 기준으로 조사 기업 수는 통계청의 「기업생멸행정통계」에 포함된 법인기업의 수 621,405개의 2%에 달하는 12,579개이다. 해당 기업의 매출액을 한국은행 경제통계시스템의 「산업연관표」의 산출액과 비교하였을 때 제조업의 80%, 서비스업의 31%에 달하여 기업 수 대비 기업활동의 규모가 큰 것을 확인할 수 있다.

14 공시대상 기업집단(대기업집단) 혹은 상호출자제한 기업집단의 경우 소속회사를 포함한 기업집단 기준으로 자산총액 기준을 적용하지만 본 연구에서는 개별 기업의 자산총액 규모 기준으로 대기업을 분류하였다.

중견기업은 업종별 규모 기준으로 중소기업이 아닌 기업과 자산총액이 5천억원 이상인 기업 중 대기업이 아닌 기업을 중견기업으로 분류한다. 「중견기업 성장촉진 및 경쟁력 강화에 관한 특별법」 제2조 제1호에 따른 중견기업의 정의에는 규모 기준 이외에 독립성 기준이 존재한다. 또한 중견기업 제외대상 조건으로 상호출자제한 기업집단 지정 기준인 자산총액 이상인 기업 또는 법인이 해당 기업의 주식 또는 출자지분의 30% 이상을 직·간접적으로 소유하면서 최다출자자인 기업 등이 존재한다.[15] 중견기업의 경우에도 「기업활동조사」 자료만으로 독립성 기준을 판단하기 어려워 업종별 규모와 자산규모를 적용하여 중견기업으로 분류하였다.

산업분류와 관련하여 2017년 자료부터 한국표준산업분류 10차 개정[16]을 따르고 있어 2017년부터의 자료는 통계청 제공 9~10차 연계표를 이용하여 중분류 수준에서 9차 개정 분류로 연계하였다. 본 연구에서는 제조업(10~33), 도매 및 소매업(45~47), 운수업(49~52), 숙박 및 음식점업(55~56), 출판, 영상, 방송통신 및 정보서비스업(58~63), 전문, 과학 및 기술 서비스업(70~73), 사업시설관리 및 사업지원 서비스업(74~75), 교육서비스업(75), 예술, 스포츠 및 여가관련 서비스업(90~91)을 분석대상에 포함한다. 이외 산업인 광업, 전기, 가스, 수도, 금융, 보건, 공공행정 등의 부문은 분석에서 제외된다.

부가가치는 「기업활동조사」에서 이용하는 다음의 부가가치[17] 계산식을 적용한다.

부가가치 = 매출액 − 매출원가 − 판매비 및 일반관리비 + 인건비 + 감가상각비 + 대손상각비 + 세금과 공과

가격 변동으로 인한 영향을 제거하기 위해 변수들을 실질변수로 변환하였다. 유형자산은 한국은행 경제통계시스템(ECOS)[18]에서 국내총생산에

---

15 중견기업 정보마당(https://www.mme.or.kr/PGHI0020.do, 최종접속일: 2023. 10. 28).

16 통계청, 「제10차 한국표준산업분류표」(http://kssc.kostat.go.kr/ksscNew_web/index.jsp, 최종접속일: 2023. 9. 10).

17 통계청, 「기업활동조사」(www.kosis.kr, 최종접속일: 2023. 11. 13).

18 한국은행 경제통계시스템(http://ecos.bok.or.kr/, 최종접속일: 2023. 9. 3).

대한 지출 디플레이터[19] 중 총고정자본형성 항목을 이용하여 실질화하였다. 부가가치, 생산액, 직접수출액, 직접수입액은 모두 산업 중분류 수준에서 한국은행의 산업별 생산자물가 자료[20]를 이용하여 실질화하였다. 연구개발투자는 자본재형태별 총자본형성 연구개발 항목 (명목/실질) 자료[21]를 이용하여 디플레이터를 구하고 이를 이용하여 실질화하였다. 무형자산은 국내총생산에 대한 지출 디플레이터[22] 중 지식재산생산물투자 항목을 활용하였다.

2. 생산성 추정

기업의 생산성 측정에는 노동생산성과 총요소생산성을 활용하였다. 두 생산성 측정 모두 부가가치를 기준으로 하며, 경제의 후생과 직접 연결하여 해석할 수 있다. 노동생산성은 실질부가가치를 종사자 수로 나눈 수치로 정의하였고, 종사자 1인당 창출한 부가가치를 의미한다. 총요소생산성은 부가가치 창출에서 생산에 투입되는 요소인 노동과 자본의 기여분을 제외하고 난 뒤의 수치로 생산함수를 가정하여 추정하는 방식으로 측정하였다.

‘제2절 산업별 성장동학’에서는 한국생산성본부의 「생산성 통계DB」의 제조업과 서비스업 생산성 자료를 활용한다. 「생산성 통계DB」는 제조업과 서비스업 생산성 측정에 각각 다른 자료를 이용한다. 제조업의 경우 통계청 「광업·제조업조사」의 부가가치와 사업체별 종사자 수를 이용하며, 기업규모는 종사자 수 300인 기준으로 대·중소기업을 구분한다. 서비스업의 경우 통계청 「서비스업조사」의 부가가치와 피용자, 자영업주, 무급가족종사자 등을 포함한 종사자 수를 이용한다. 서비스업 기업의 규

19 한국은행 경제통계시스템, 「국내총생산에 대한 지출 디플레이터」(http://ecos.bok.or.kr/, 접속일: 2023. 10. 17).

20 한국은행 경제통계시스템, 「생산자물가지수」(http://ecos.bok.or.kr/, 최종접속일: 2023. 9. 3).

21 한국은행 경제통계시스템, 「자본재형태별 총자본형성」(http://ecos.bok.or.kr/, 최종접속일: 2023. 9. 3).

22 한국은행 경제통계시스템, 「국내총생산에 대한 지출 디플레이터」(http://ecos.bok.or.kr/, 접속일: 2023. 10. 17).

모는 업종별로 중소기업기본법 시행령(2012~2014 기준)에 따라 업종별로 다른 기준을 적용하여 대・중소기업을 구분한다. 업종별 종사자 수 규모 기준은 부록의 <부표 3>에서 확인할 수 있으며, 해당 업종이 서비스업 분석에 포함되는 업종이다. 각 산업의 부가가치는 중분류 수준에서 한국은행 GDP디플레이터를 이용하여 실질화된다.

'제3절 기업규모별 성장동학'에서는 통계청의 「기업활동조사」 자료를 활용하였다. 「기업활동조사」 자료를 활용하면 노동생산성 이외에도 총요소생산성을 측정할 수 있다. 총요소생산성은 다음의 생산함수 형태를 가정하고 생산요소의 탄력성을 추정하여 구한다.

$$\ln VA_{it} = \ln A_{it} + \epsilon_{jK} \ln K_{it} + \epsilon_{jL} \ln L_{it} \quad (1)$$

VA_{it}는 기업 i의 부가가치, A_{it}는 총요소생산성, K_{it}는 자본투입(유형자산), L_{it}는 노동투입(종사자 수)을 나타낸다. ϵ_{jK}, ϵ_{jL}는 각각 부가가치의 자본과 노동에 대한 요소탄력성을 나타낸다.

Wooldridge(2009)의 방법을 이용하여 자본과 노동의 요소탄력성 수치를 추정하였다. 관찰되지 않은 수요충격 등이 생산요소의 투입에 영향을 미쳐 상관관계가 생기는 내생성 문제가 발생할 수 있다. 해당 방법론은 생산성에서 관측되지 않은 충격을 대리변수를 이용해 측정한다. 기업의 종사자 수를 대리변수로 이용하고 과거 1년의 종사자 수를 도구변수로 적용하였다. 산업의 중분류 수준에서 산업별 자본과 노동의 요소탄력성을 추정하고 이를 식 (1)에 대입하여 총요소생산성($a_{it} \equiv \ln A_{it}$)을 측정한다.

제2절 산업별 성장동학

산업의 성장동학(dynamism)은 경제의 혁신과 기술 발전의 방향을 나타내며, 고용 기회 창출 및 경제성장과 긴밀하게 연결된다. 경쟁력 있는 산업에서 연구 및 개발(R&D) 활동이 더 활발하게 이루어지며 새로운 제품, 공정 및 기술의 개발을 이끈다. 이를 통해 산업의 글로벌 경쟁력이 높아

지면 국제무역 및 해외투자 유치에 긍정적인 영향을 미치는 선순환 구조가 발생한다. 또한 성장하는 산업은 해당 산업뿐만 아니라 해당 산업과 연관된 산업에서 일자리를 창출한다.

산업의 성장동학은 생산성 증가와도 밀접하게 관련된다. 생산성 증가는 기존 기업의 효율성 증가 및 생산 프로세스의 개선으로 이루어지기도 하지만, 신생 기업이 빠르게 성장하면서 산업 생태계 내의 다양성을 증가시키고 산업의 성장을 견인하는 역할도 중요하다.[23]

또한 한 산업에 치중되지 않은 다양하고 동적인 산업은 경제 충격에 대해 더 탄력 있고 견고한 경제를 만들 수 있다. 한 분야가 어려움을 겪어도 다른 분야에서 성장한다면 전체 경제를 안정화하는 데 도움이 된다.

위와 같은 관점에서 우리나라의 지난 10년간의 산업동학을 살펴보도록 한다.

1. 산업별 부가가치 및 고용 성장

산업별 부가가치 및 고용 성장을 제조업과 서비스업으로 구분하여 살펴보자. 우선 제조업에서 산업별 실질부가가치의 증감과 성장률을 2011~16년 기간과 2016~21년 기간으로 나누어 [그림 3-1]에 나타냈다.

증감 수치는 해당 기간 부가가치의 증감을 절대적인 수치로 나타내고, 성장률은 초기 규모에 비해 상대적으로 증가한 비율을 나타낸다.

우선 [그림 3-1]의 윗 그림을 보면 부가가치의 증가 규모는 2016~21년 기간이 2011~16년 기간에 비해 훨씬 큰 것을 볼 수 있고, 반도체산업이 포함된 컴퓨터, 통신장비 등에 해당하는 전자산업(산업분류 26)의 성장이 특히 두드러진 것을 알 수 있다. 이 외에 기계 및 장비(29), 자동차(30), 전기장비(28) 산업순으로 부가가치 증가분이 높게 나타나 제조업 주력 산업 중심으로 부가가치가 성장한 것을 확인할 수 있다. 조선업이 속한

23 Decker *et al.*(2016)은 고성장 신생기업의 역할 감소가 2000년대 이후 미국의 기업동학 감소의 원인이 되었다고 밝히고 있으며, 김민호(2017)는 우리나라 신생기업의 성장률이 급격히 감소한 것이 제조업의 생산성 성장률 하락에 (특히 첨단기술 제조업에서) 큰 영향을 주었다는 결과를 제시하고 있다.

[그림 3-1] 제조업 실질부가가치 증감

(단위: 천억원, %)

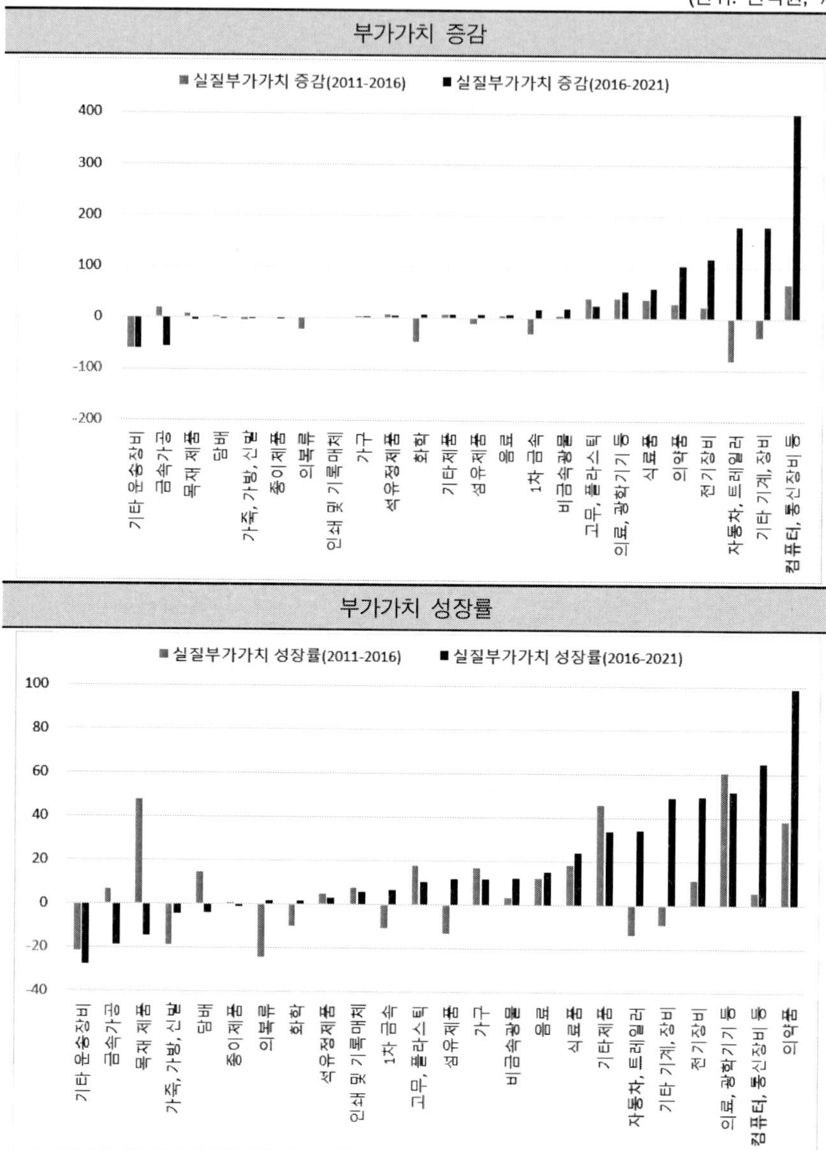

주: 컴퓨터, 통신장비 등 산업의 실질부가가치 증감 수준은 약 767천억원으로 그래프 범위보다 크게 높은 값에 해당함.

자료: 한국생산성본부, 「생산성 통계DB」(2011~21).

기타 운송장비 제조업(31)은 양 기간 모두 상당한 규모로 실질부가가치가 감소하였다. 이 외에도 금속가공(25), 목재 및 나무제품(16), 담배(12), 가죽, 가방, 신발(15) 산업순으로 부가가치의 감소폭이 컸다.

OECD(2011)의 기술집약도로 구분한 산업분류에 따르면, 고기술 혹은 첨단기술 제조업에 해당하는 산업에서 주로 부가가치가 성장하고 중저기술 혹은 저기술 제조업에 속하는 산업의 부가가치는 감소하거나 증가폭이 작게 나타났다.

[그림 3-1]의 아래 그림에서 성장률을 보면 성장률이 빠른 산업은 의약품(21), 컴퓨터, 통신장비 등 전자(26), 의료, 광학기기 등(27)의 순으로 의약품과 의료, 광학기기 등(27) 산업의 성장세가 높게 나타났다.

[그림 3-2]에서는 노동투입의 증감과 성장률을 나타냈는데, 부가가치의 성장 규모에 비례하여 고용의 성장이 이루어지지는 않는 것으로 나타났다. 고용이 증가한 산업은 식료품(10), 기타 기계, 장비(29), 화학(20) 산업 순이었으며, 부가가치의 성장률이 높게 나타난 의약품(21), 의료, 광학기기 등(27)의 산업은 고용의 증가율이 높았을 뿐만 아니라 고용의 규모도 상당히 증가한 것으로 나타났다.

2016~21년 사이에 부가가치가 크게 감소했던 기타 운송장비(31), 금속가공(25) 산업의 고용이 크게 감소하였다. 반면에 부가가치가 크게 증가한 자동차(30), 컴퓨터, 통신장비 등 전자(26) 산업에서 고용이 크게 줄어 해당 산업에서는 고용 없는 혹은 오히려 고용을 대체하며 성장한 것으로 나타났다.

서비스업의 부가가치와 고용 증감을 [그림 3-3]과 [그림 3-4]에 각각 나타냈다. 서비스업의 부가가치는 도매, 상품중개업(46), 전문서비스업(71), 출판업(58)에서 증가 규모가 가장 높게 나타났다. 성장률로는 정보서비스업(63)의 성장률이 두드러지게 높게 나타났고, 그 뒤를 출판업(58)과 컴퓨터 프로그래밍, 시스템 통합 및 관리업(62)이 이었다.

2016~21년 사이 서비스업 고용은 약 240만명 증가하고 제조업 고용은 약 1.6만명 줄어 고용이 제조업에서 서비스업으로 이동하였다. 같은 기간 가장 고용이 크게 증가한 산업은 전문서비스업(71)으로 약 46만명 증가

[그림 3-2] 제조업 노동투입 증감

(단위: 천명, %)

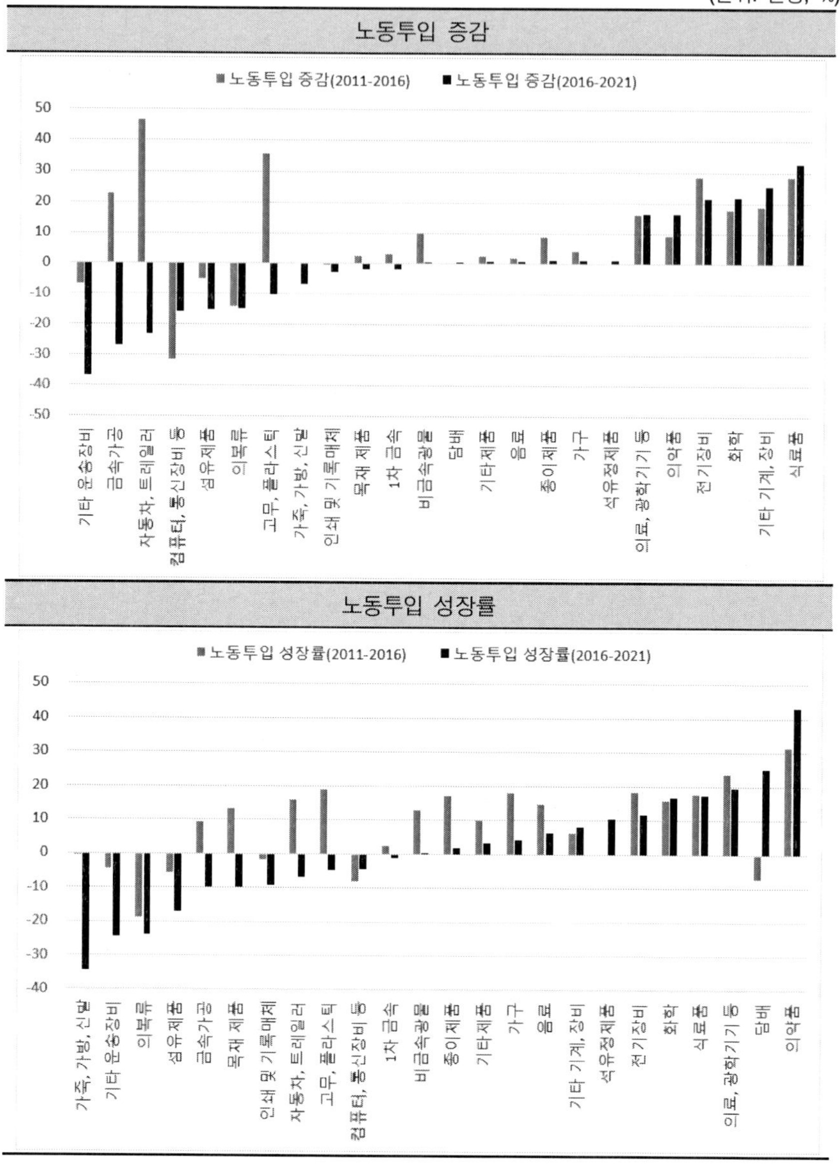

자료: 한국생산성본부, 「생산성 통계DB」(2011~21).

[그림 3-3] 서비스업 실질부가가치 증감

(단위: 천억원, %)

부가가치 증감

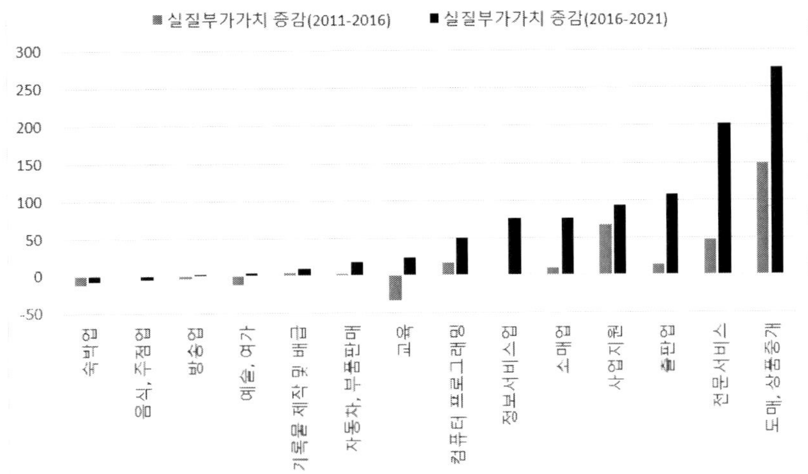

부가가치 성장률

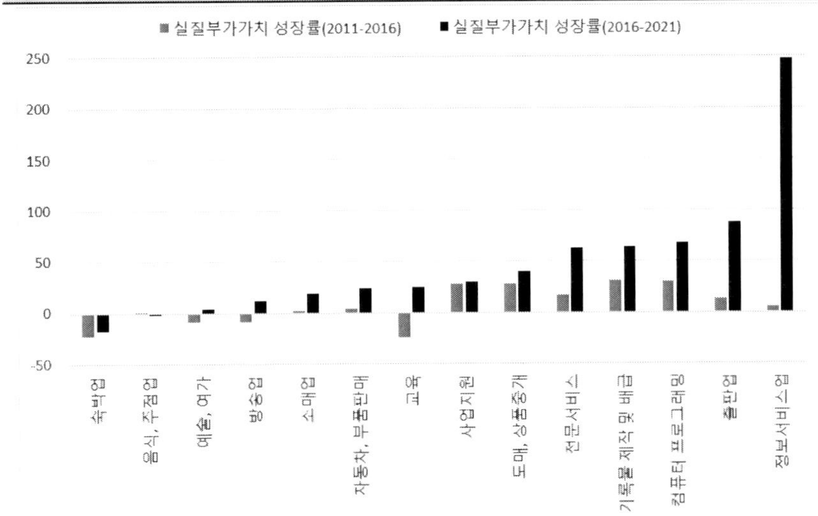

자료: 한국생산성본부, 「생산성 통계DB」(2011~21).

[그림 3-4] 서비스업 노동투입 증감

(단위: 천명, %)

노동투입 증감

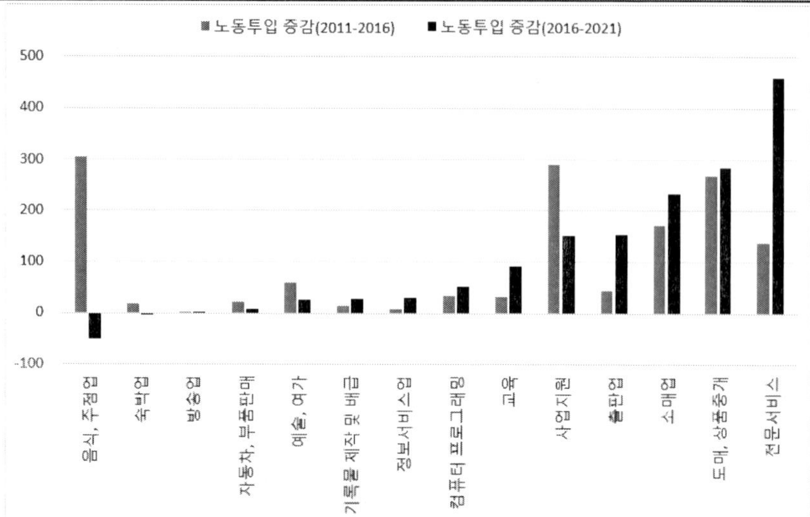

노동투입 성장률

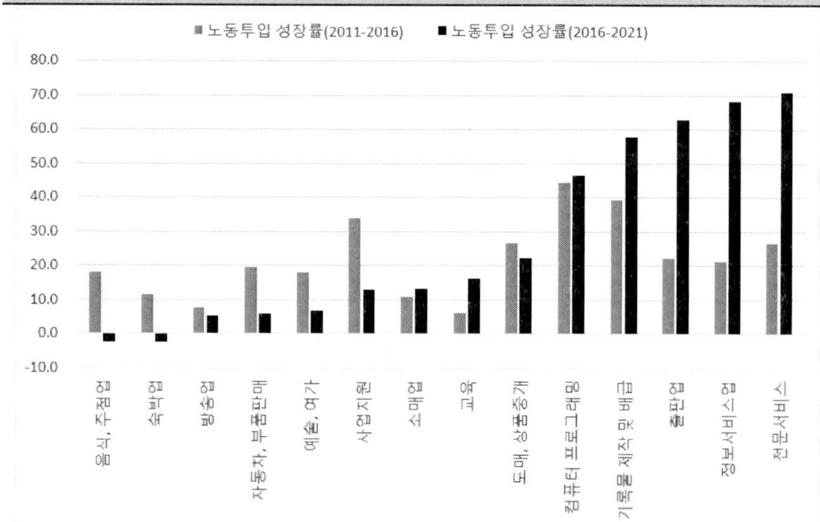

자료: 한국생산성본부, 「생산성 통계DB」(2011~21).

하였다. 전문서비스업은 컴퓨터 시스템 설계, 건축, 엔지니어링 서비스, 광고홍보, 회계, 세무 등의 활동과 관련된 산업으로 IT 제품 및 서비스에 대한 서비스 수요가 증가하여 관련 고용이 증가한 것으로 이해할 수 있다. 해당 산업은 미국 노동통계국(2023)에 따르면, 2021년 기준 미국에서 가장 많은 고용을 하고 있는 산업에 해당하며, 2021~31년 사이에 주요 산업 중 세 번째로 많은 고용을 창출할 것으로 예상된다.[24] 우리나라의 경우 2021년 기준 고용의 규모로는 소매업(47), 음식주점업(56), 도매업(46), 사업시설 관리(74) 산업이 전문서비스업(71)보다 크게 나타났다. 지난 5년간의 성장을 보았을 때 향후 몇 년간 전문서비스업(71)의 고용창출에 대한 기여도가 높을 것으로 예상된다.

산업별 고용이 인당 급여가 높은 산업으로 이동했는지 급여가 낮은 산업에서 고용이 증가했는지 보기 위해 해당 정보를 가진 통계청 「기업활동조사」 자료를 활용하여 분석하였다. 인당 급여는 급여, 상여금, 퇴직급여 등을 포함하는 인건비를 종사자 수로 나눈 값이다. 산업의 인당 급여 수준을 해당 산업 내 기업의 인당 급여 수준의 중윗값으로 대변하였다. 「기업활동조사」를 활용하기 때문에 규모가 작은 대다수의 기업이 분석에서 제외된 결과로 상대적으로 규모가 큰 기업에 한정한 결과로 해석해야 한다.

[그림 3-5]에 2011년부터 2021년 사이의 산업별 고용인 수의 변화율을 인당 급여 수준에 따라 나타냈다. 원의 크기는 2011~21년 사이 산업별 고용인 수 증감(절댓값)에 비례하여 나타냈기 때문에 크기가 클수록 해당 산업에서 많은 고용인 수의 변화가 있었다고 이해할 수 있다.

우선 산업 간 인당 급여 수준에 상당히 차이가 있는 것을 알 수 있다. 상당수의 산업이 연 4천만원에서 6천만원 사이에 있으나 약 연 3천만원에서 8천만원까지 산업별 중윗값의 차이가 나타났다.

인당 급여수준과 고용인 수 변화율 사이에 유의한 상관관계는 보이지 않는다. 고용인 수가 줄어든 대부분의 산업은 인당 급여 수준이 연 4천만

24 미국 노동통계국, 「2021~31년 전문, 과학 및 기술 서비스 산업의 고용 전망」(2023) 참고

[그림 3-5] 2011~21년 산업별 고용인 수 변화 및 인당 급여

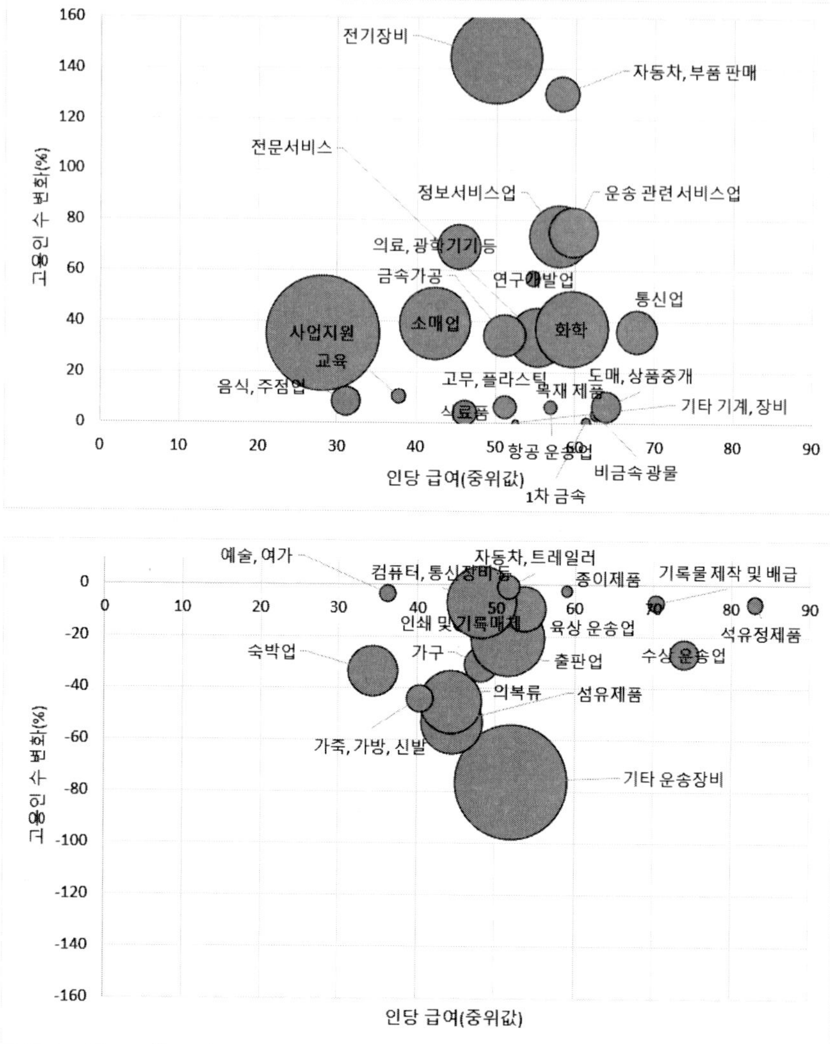

주: 1) 인당 급여 수준은 해당 산업 내 기업의 인당 급여 수준의 중윗값을 나타냄.
2) 원의 크기는 2011~21년 사이 산업별 고용인 수 증감(절댓값)에 비례함.
자료: 통계청, 「기업활동조사」(2011~21)를 이용하여 저자 계산.

원에서 5천만원 초반 사이의 산업에 분포하였다. 고용인 수가 증가한 산업은 인당 급여 수준의 분포가 다양하지만 주로 연 5천만원에서 6천만원 사이의 산업에 분포하였다.

고용인 수 변화율이 가장 낮게 나타난 네 개 산업은 조선업을 포함한 기타 운송장비 산업, 의복 산업, 섬유제품 산업, 가죽, 가방, 신발 산업으로 산업구조 조정 과정에서 침체 또는 쇠퇴하는 산업에 해당한다. 고용의 변화는 산업 간 이동을 반영하기도 하지만 신규 취업(entry)과 은퇴(exit)로 인한 효과도 포함한다. 또한 상대적으로 큰 규모의 기업에 한정한 변화이기 때문에 경제 전반의 변화를 대변하지 않는다는 점을 다시 강조한다. 본 장의 제3절에서 제조업과 서비스업의 기업규모별 인당 급여 수준의 추이를 살펴본다.

2. 기업규모별 생산성 추이

본 소절에서는 한국생산성본부의 「생산성 통계DB」를 활용하여 종사자 수 규모를 기준으로 분류한 대기업과 중소기업의 노동생산성 추이의 변화를 보여준다. 제3절에서는 「기업활동조사」를 활용하여 매출액 규모를 기준으로 기업을 대기업, 중견기업, 중소기업으로 분류하고 기업규모별 노동생산성 및 총요소생산성 추이를 살펴본다.[25]

[그림 3-6]과 [그림 3-7]은 제조업과 서비스업의 2000년부터 2021년까지 20년간의 노동생산성 추이를 대기업과 중소기업으로 구분하여 보여준다. 제조업에서는 대기업의 노동생산성이 2011년까지 상승하는 추세를 보인 후 2017년까지 정체하다가 다시 2021년까지 상승하는 추세를 보인다. 대기업의 경우 노동생산성이 20년간 2.4배 증가하였다. 중소기업은 대기업과 추세는 비슷하나 증가폭이 1.7배로 훨씬 낮았다. 결과적으로 대기업과 중소기업의 생산성 차이는 2.3배에서 3.3배로 확대되었다.

서비스업의 생산성은 2007년부터 확인할 수 있는데, 2007년부터 2013년

25 두 자료는 기업규모의 분류 기준이 다를 뿐 아니라 분석에 포함된 서비스업 세부업종에서도 차이가 있어 결과의 직접 비교는 어렵다(제1절의 분석자료 참고).

[그림 3-6] 제조업 기업규모별 노동생산성 추이

(단위: 백만원)

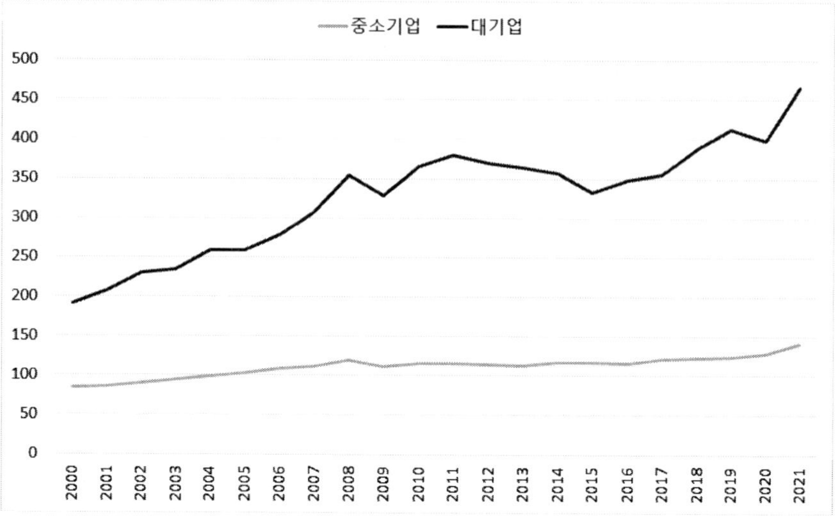

자료: 한국생산성본부, 「생산성 통계DB」(2000~21)의 자료를 이용하여 저자 계산.

[그림 3-7] 서비스업 기업규모별 노동생산성 추이

(단위: 백만원)

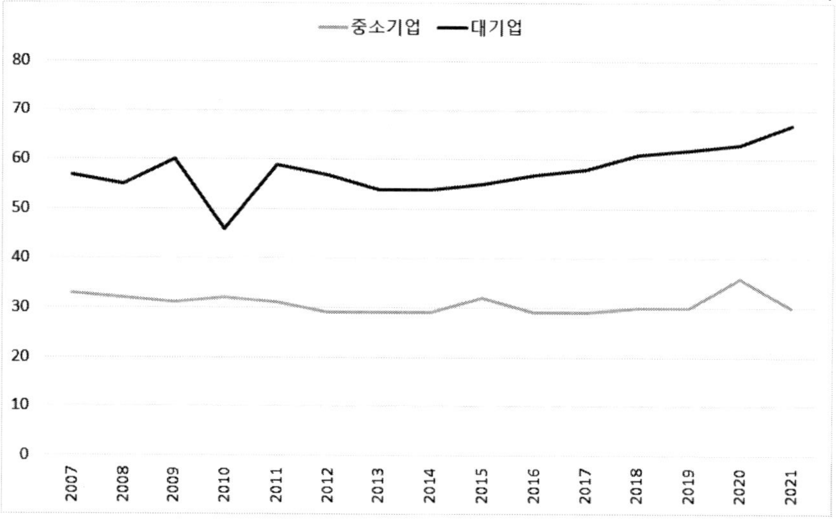

자료: 한국생산성본부, 「생산성 통계DB」(2007~21)의 자료를 이용하여 저자 계산.

까지 대기업과 중소기업 모두 하락하는 추세에서 2013년 이후 중소기업의 생산성은 정체되고 대기업의 생산성만 상승하였다. 해당 기간 대기업과 중소기업의 생산성 차이는 1.7배에서 2.2배로 증가하였다.

생산성 향상은 경제성장의 동력이 되는데, 우리나라 기업의 대다수를 차지하는 중소기업의 생산성이 대기업에 비해 격차가 벌어진 것은 경제 전반의 생산성 둔화의 주요한 원인이 될 수 있다. Andrews *et al.*(2016)에서는 생산성 격차가 높은 산업에서 총요소생산성이 낮은 경향을 보인 결과를 제시하며 효율성 높은 생산 방식 혹은 기술의 확산 둔화가 심화되고 있는 문제를 지적하고 있다.

3. 산업별 경제활동 비중

통계청「기업활동조사」의 2021년 자료를 이용하여 산업별 경제활동 비중을 부가가치, 수출, 고용, 유형자산과 무형자산 투자, 연구개발 투자로 구분하여 각 분야에서 어떤 산업의 경제활동이 활발하게 이루어지고 있는지를 살펴본다.

[그림 3-8]에서 부가가치 비중을 보면, 전자(26), 화학물질 및 제품(20), 1차금속(24), 통신업(61), 자동차(30) 순으로 부가가치 비중이 높으며 앞서 부가가치 성장산업을 보았을 때처럼 주로 제조업 주력 산업이 차지하는 비중이 높게 나타났다. [그림 3-9]를 통해 수출 비중 또한 전자(26), 자동차(30), 화학물질 및 제품(20) 순으로 순위 차이는 있지만 동일한 주력 산업의 비중이 높은 것을 알 수 있다.

고용과 유형자산 투자 비중은 부록의 [부도 1]과 [부도 2]에 나타냈다. 유형자산 투자의 비중은 부가가치와 유사하게 전자(26), 화학물질 및 제품(20), 자동차(30), 1차금속(24)에서 높게 나타났으며, 전기, 가스 등 공급업(35)과 통신업(61)에서도 유형자산 투자가 활발히 이루어지는 것으로 나타났다. 고용의 경우 부가가치 비중과 다르게 사업지원 서비스업(75)의 비중이 높게 나타나는 등 서비스 업종의 기여가 높은 것을 볼 수 있다.

[그림 3-10]과 [그림 3-11]은 각각 무형자산 투자와 연구개발 투자의 비

[그림 3-8] 산업별 부가가치(2021년 기준)

(단위: 백억원)

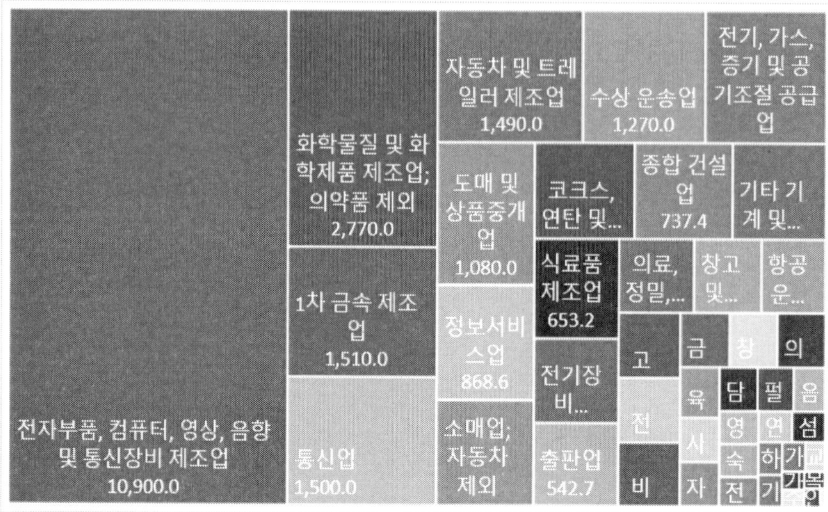

자료: 통계청, 「기업활동조사」(2021)를 이용하여 저자 계산.

[그림 3-9] 산업별 수출(2021년 기준)

(단위: 백억원)

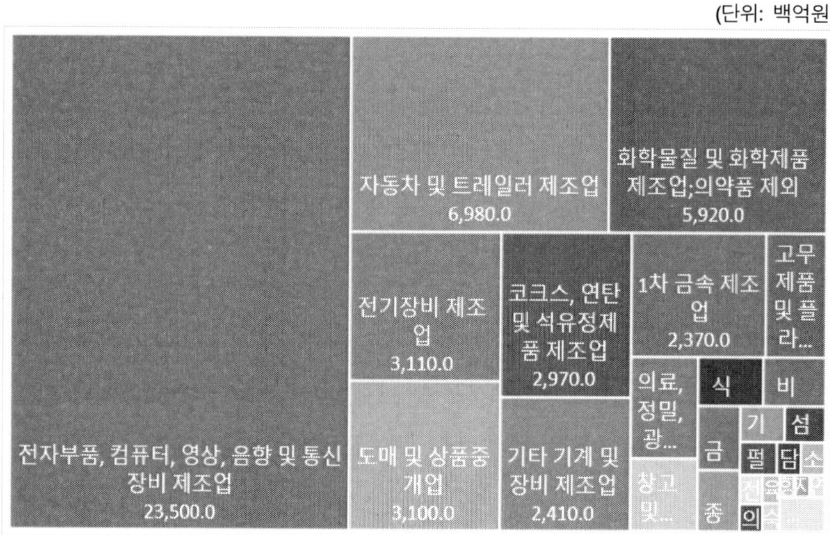

자료: 통계청, 「기업활동조사」(2021)를 이용하여 저자 계산.

[그림 3-10] 산업별 무형자산 투자(2021년 기준)

(단위: 백억원)

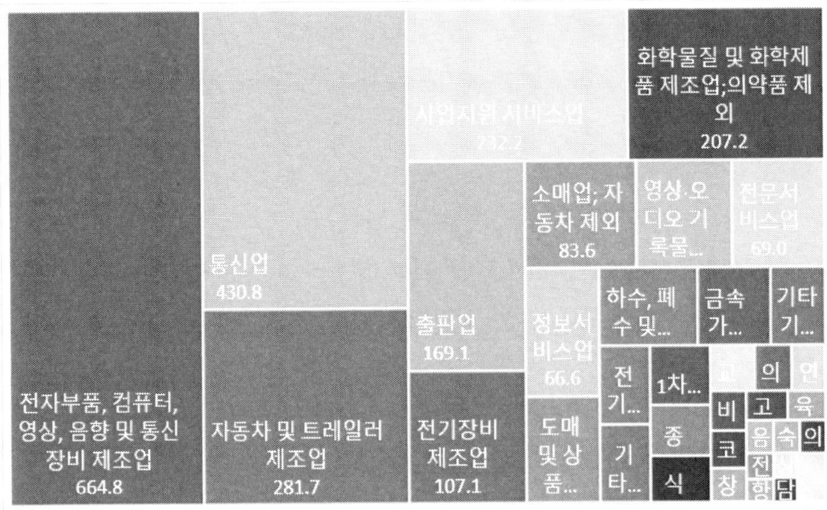

자료: 통계청, 「기업활동조사」(2021)를 이용하여 저자 계산

[그림 3-11] 산업별 연구개발 투자(2021년 기준)

(단위: 백명)

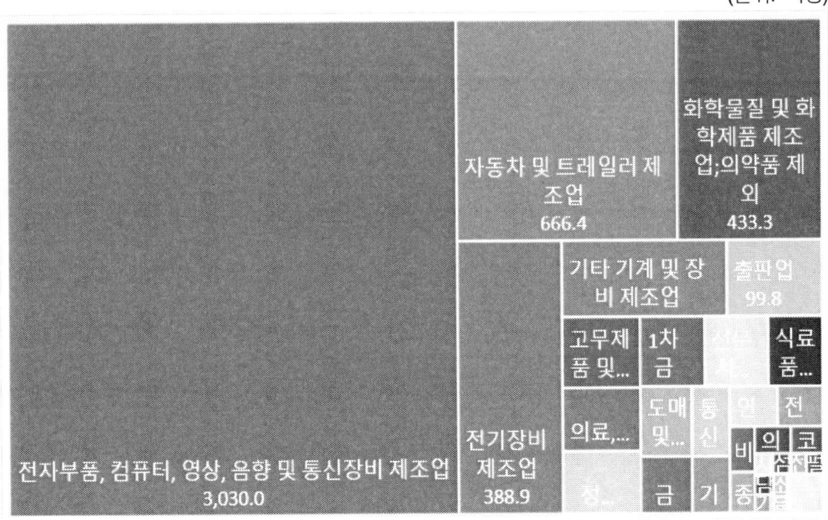

자료: 통계청, 「기업활동조사」(2021)를 이용하여 저자 계산.

중을 보여준다. 무형자산과 연구개발은 기업 경쟁력 및 생산성 향상에 영향을 준다. 무형자산 투자는 제조업의 경우 전자(26), 자동차(30), 화학물질 및 제품(20), 서비스업의 경우 통신업(61), 사업지원 서비스업(75)에서 활발하게 이루어지고 있는 것을 볼 수 있다. 무형자산 투자에서는 서비스업 산업이 다수 규모를 차지하여 서비스업의 기업활동에서 무형자산의 역할이 높은 것을 알 수 있다.

연구개발 투자의 경우는 제조업 산업이 주로 큰 비중을 차지하는데 전자(26) 산업의 비중이 압도적으로 높게 나타났다. 연구개발 투자가 전자(26) 혹은 자동차(30) 산업에 편중되어 있는 것을 확인할 수 있다.

제3절 기업규모별 성장동학

본 절에서는 제조업과 서비스업을 구분하여 기업을 대기업, 중견기업, 중소기업으로 분류하고 다양한 차원의 경제활동 추이를 기업규모별로 제시한다. 우리나라의 중견기업과 중소기업 정의에서는 매출액이 주요 분류 기준으로 적용되는데, 중소기업의 매출액이 성장하여 중견기업으로 이동하고 또 다수의 중견기업이 활발히 활동하며 대기업으로도 성장할 수 있는 기업의 동학이 경제가 성장하는 데 중요한 역할을 할 수 있다. 본 절의 결과는 「기업활동조사」를 이용한 것으로 중소기업이라 하더라도 국내 회사법인 중 상용근로자 50인 이상, 자본금 3억원 이상인 기업체에 해당하기 때문에 중소기업 중 규모가 큰 기업의 활동을 나타낸다. 중소기업 전반의 경제활동을 대변하지 않는 점에 유의해야 한다.

제조업의 경우 [그림 3-12]~[그림 3-14]에서 2009년부터 2021년 사이의 기간 동안 기업규모별 부가가치, 고용인 수, 유형자산, 무형자산, 연구개발비, 사업체 수 각각에 대한 합계 추이를 볼 수 있다. 대기업의 수는 소수이나 2016년 이후로 가장 많은 부가가치를 창출하며 유형자산, 무형자산 투자도 꾸준히 늘려온 것을 알 수 있다. 지난 10년간의 연구개발비 증가는 대부분 대기업의 투자에 기인하였다.

[그림 3-12] 제조업 기업활동의 기업규모별 추세(부가가치 및 고용인 수)

부가가치

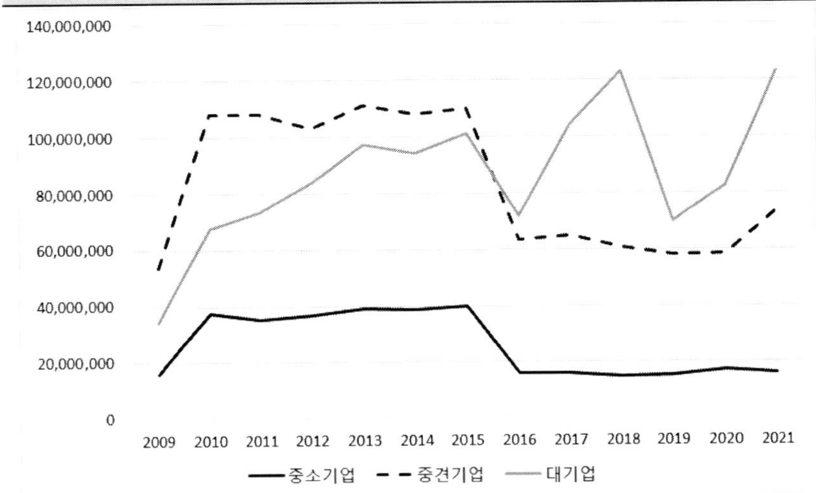

고용인 수

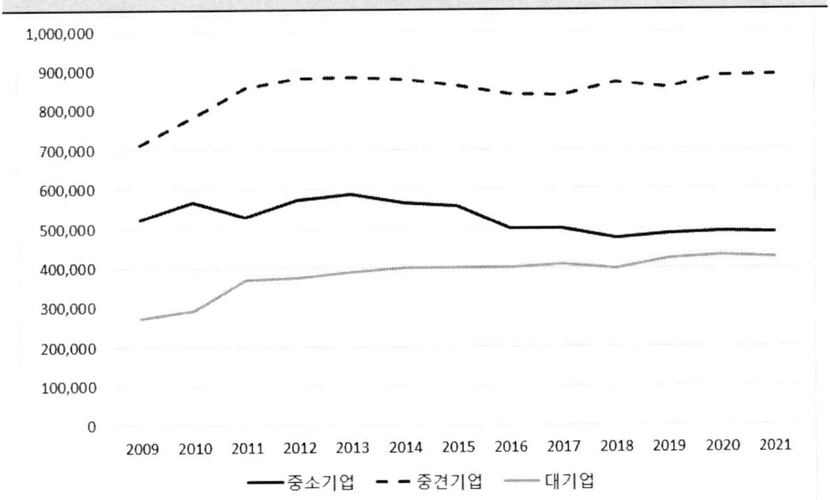

자료: 통계청, 「기업활동조사」(2009~21)를 이용하여 저자 계산.

[그림 3-13] 제조업 기업활동의 기업규모별 추세(유형자산 및 무형자산)

유형자산

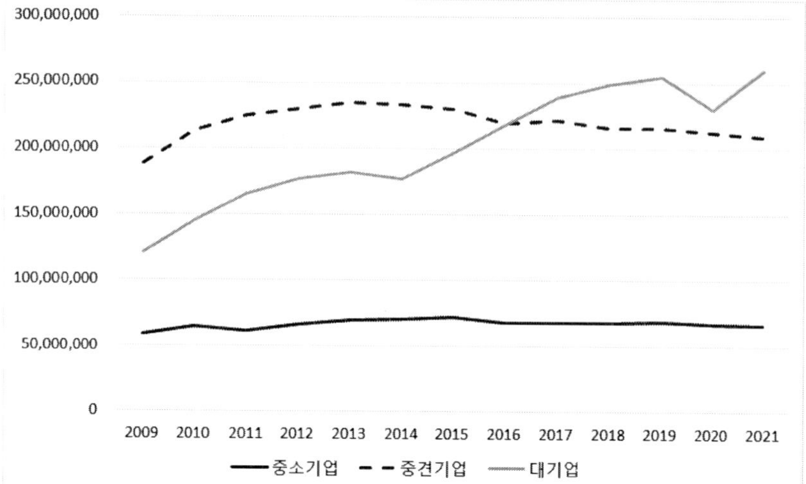

무형자산

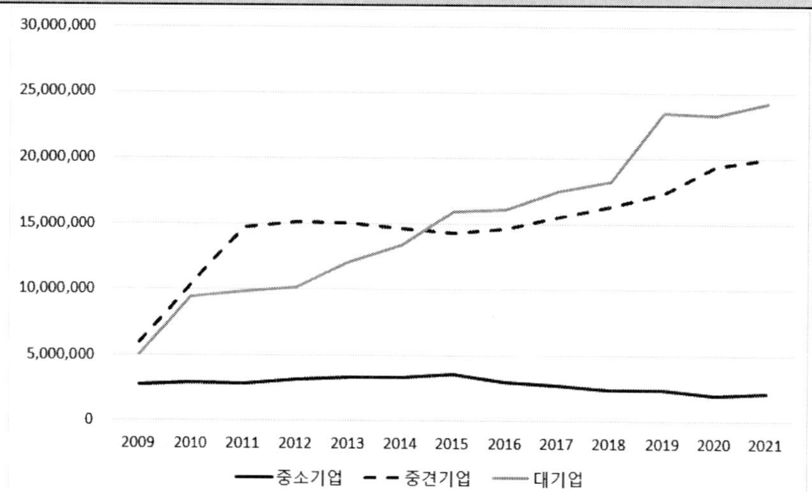

자료: 통계청, 「기업활동조사」(2009~21)를 이용하여 저자 계산.

[그림 3-14] 제조업 기업활동의 기업규모별 추세(연구개발비 및 사업체 수)

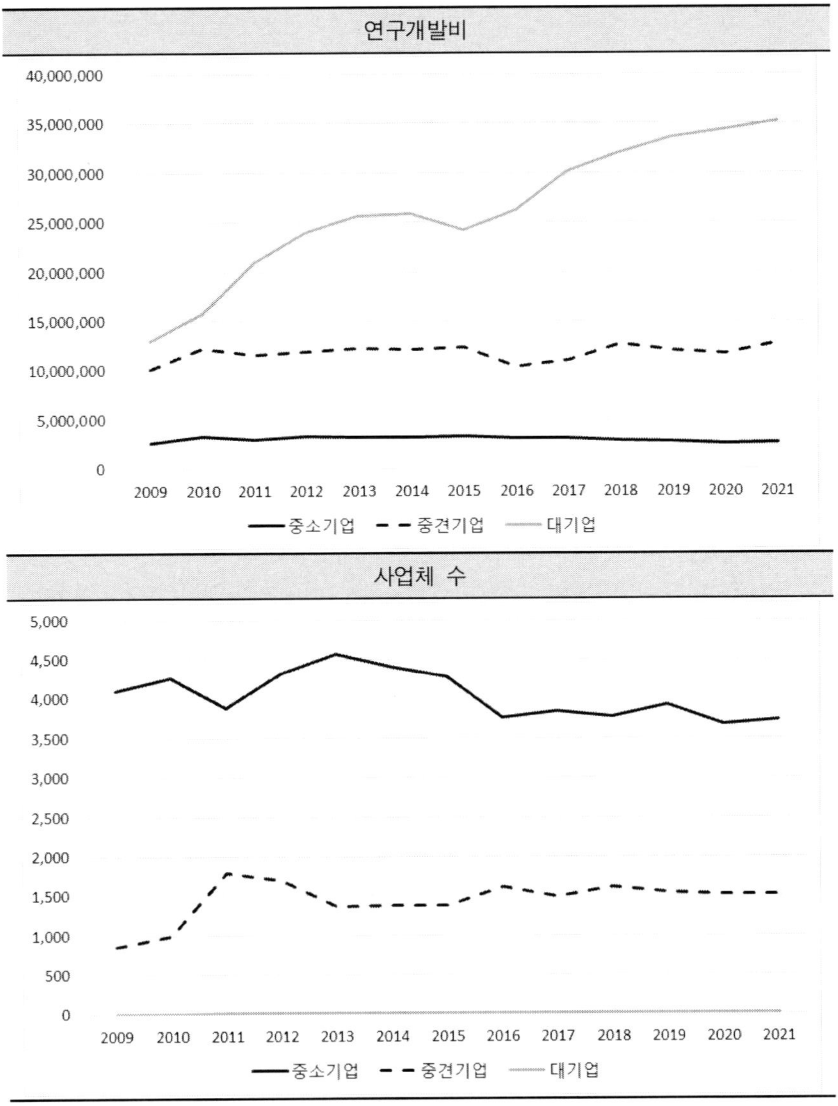

자료: 통계청, 「기업활동조사」(2009~21)를 이용하여 저자 계산.

중견기업의 사업체 수와 고용인 수는 2013년 이후 크게 증가하지 않았다. 중견기업의 유형자산은 2013년 이후 감소하는 추세를 보이며 대신 무형자산에 대한 투자가 증가하였다. 중견기업의 경우 고용, 유형자산 및 무형자산, 부가가치에서 차지하는 비중이 대기업과 견줄 만한 수준에 해당한다. 연구개발비 투자규모는 전혀 증가하지 않아 제조업 중견기업의 연구개발 활동이 정체되어 있는 것을 알 수 있다. 2016년부터 중견기업과 중소기업의 부가가치가 크게 하락하여 회복되지 않았다.

중소기업의 경우 유형자산의 규모가 정체되어 있으며, 무형자산의 규모는 지난 5년간 오히려 감소하였다. 연구개발비 또한 지난 5년간 감소하여 경쟁력 확보를 위한 투자활동이 위축된 모습을 보였다.

[그림 3-15]와 [그림 3-16]에서 기업의 생산성 및 기술 관련 지표를 보자. 노동생산성과 총요소생산성 모두 기업규모가 클수록 높게 나타났다. 기업규모 간 생산성 격차가 유지되는 추세를 보이다가 2020년에 대기업의 생산성이 하락하고 2021년에 반등한 것으로 나타났다. 중견기업과 중소기업의 경우 총요소생산성이 2009년에 비해 2021년까지 성장하지 않아 지난 10년 이상 생산성이 정체된 모습을 보인다. 인당 급여(노동비용)는 생산성과 같이 기업규모가 클수록 높으며, 대기업, 중견기업, 중소기업 모두 증가 추세를 보인다.

「기업활동조사」에서는 2017년부터 기업의 기술 활용과 관련하여 4차 산업혁명 관련 기술(IoT, Cloud, AI, Big Data, Mobile, 3D printing, Robot, Block Chain, AR or VR) 각각의 활용 단계 및 개발 여부를 조사하고 있다. 9개 기술을 하나라도 활용하고 있는 기업의 비중을 보면, 대기업의 경우 2021년에 73%의 기업이 관련 기술을 활용하고 있으나 중견기업은 그 비율이 18%에 불과하였고 중소기업은 10%에 미치지 못하여 기술 활용에서 큰 차이를 나타냈다.

서비스업의 경우 [그림 3-17]~[그림 3-19]에서 주요 기업활동 추세를 확인할 수 있다. 사업체 수를 보면 대기업의 수는 소수이며 제조업에 비해 대기업의 부가가치, 유형자산, 무형자산 투자가 크게 증가하지 않았다. 대기업의 연구개발비는 오히려 감소하였다. 중견기업은 서비스업에서

[그림 3-15] 제조업 기업활동의 기업규모별 추세(노동생산성 및 총요소생산성)

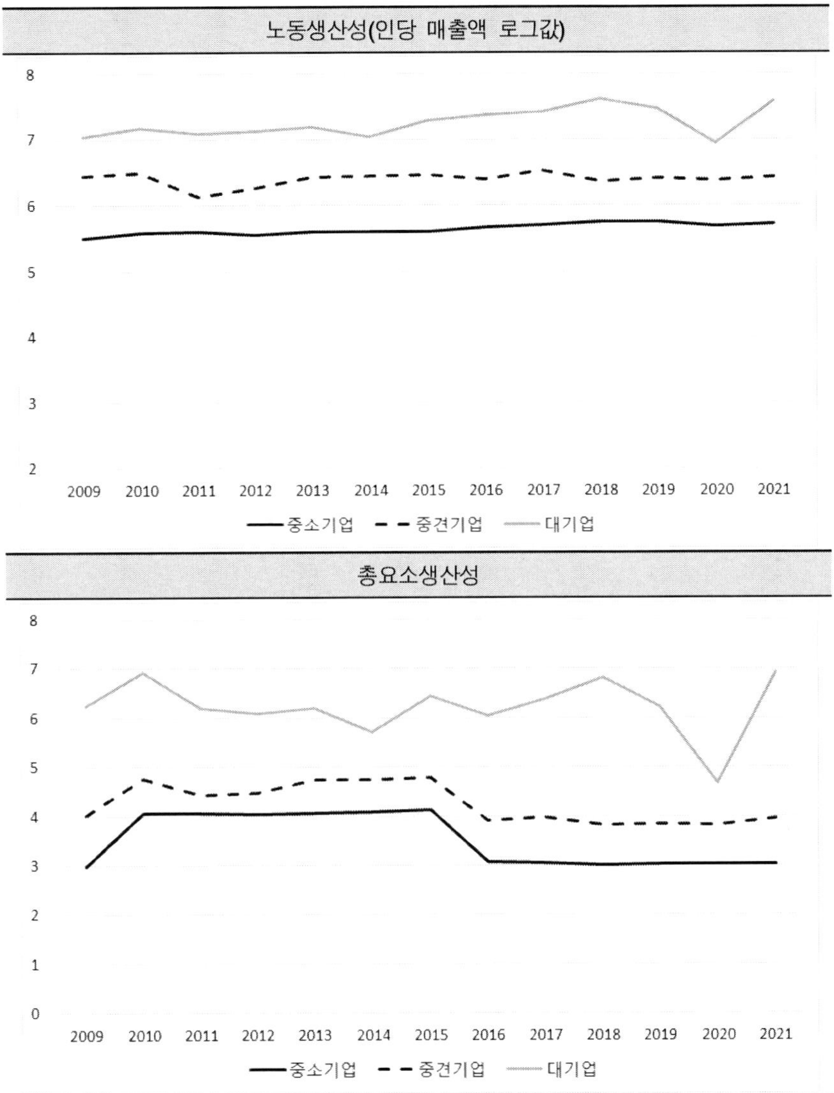

자료: 통계청, 「기업활동조사」(2009~21)를 이용하여 저자 계산.

[그림 3-16] 제조업 기업활동의 기업규모별 추세(인당 급여 및 기술 활용)

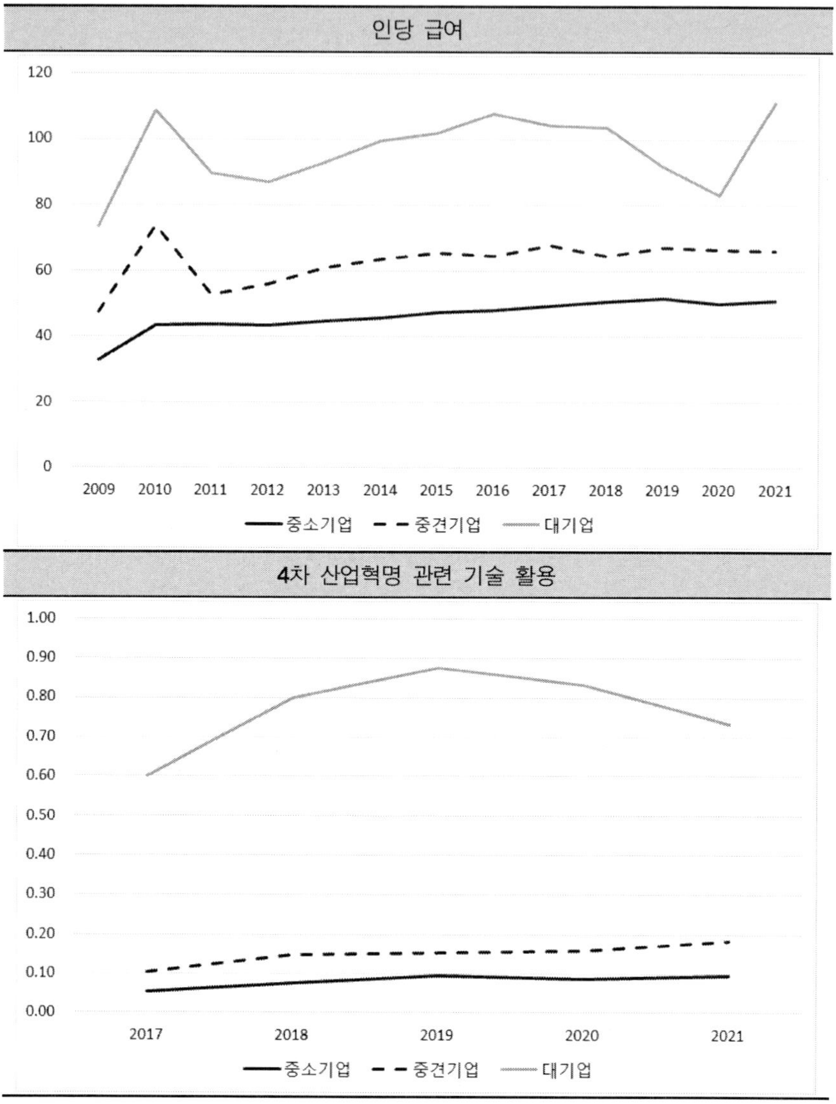

자료: 통계청, 「기업활동조사」(2009~21)를 이용하여 저자 계산.

[그림 3-17] 서비스업 기업활동의 기업규모별 추세(부가가치 및 고용인 수)

부가가치

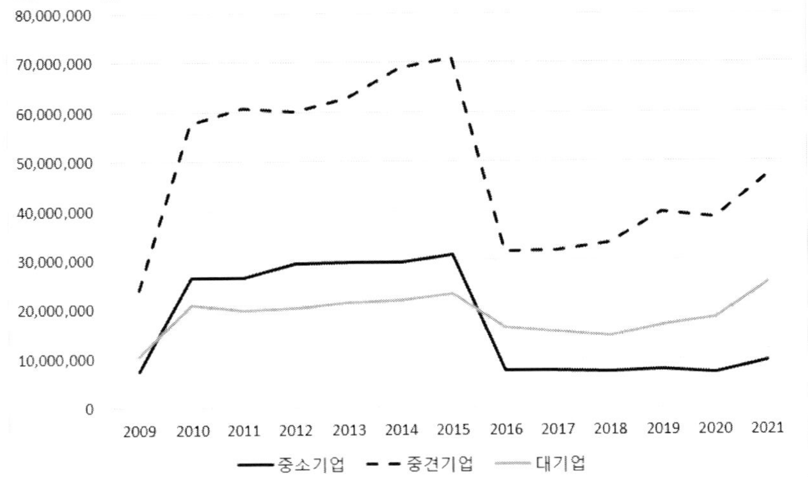

고용인 수

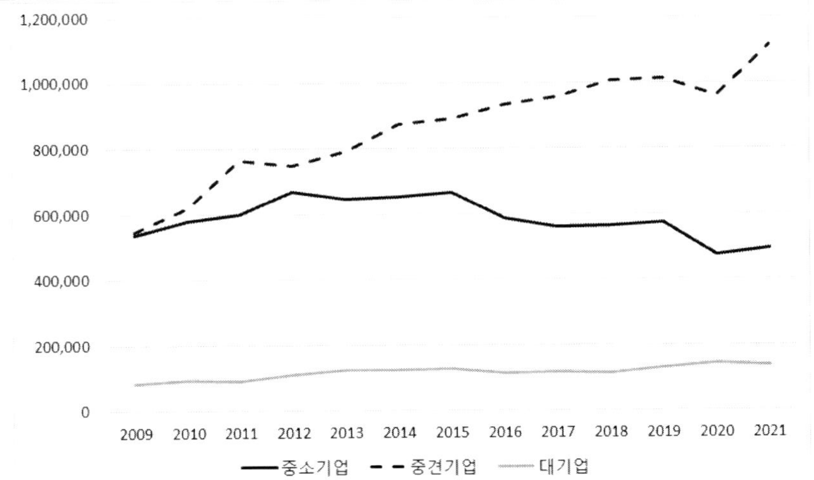

자료: 통계청, 「기업활동조사」(2009~21)를 이용하여 저자 계산.

[그림 3-18] 서비스업 기업활동의 기업규모별 추세(유형자산 및 무형자산)

유형자산

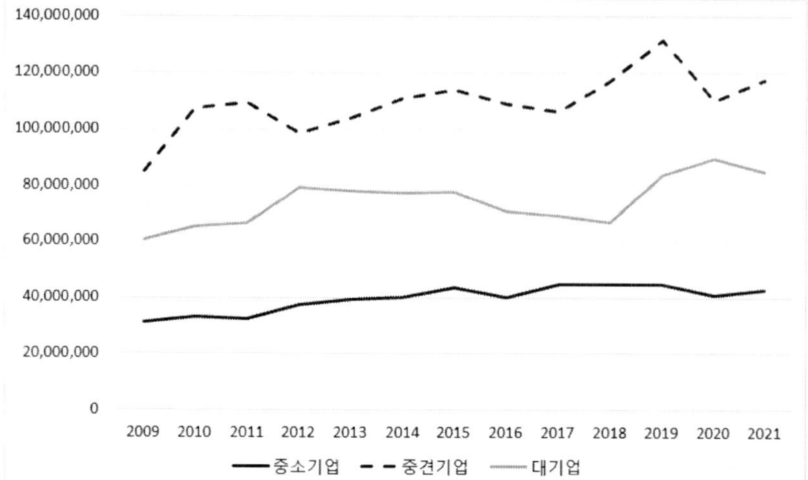

무형자산

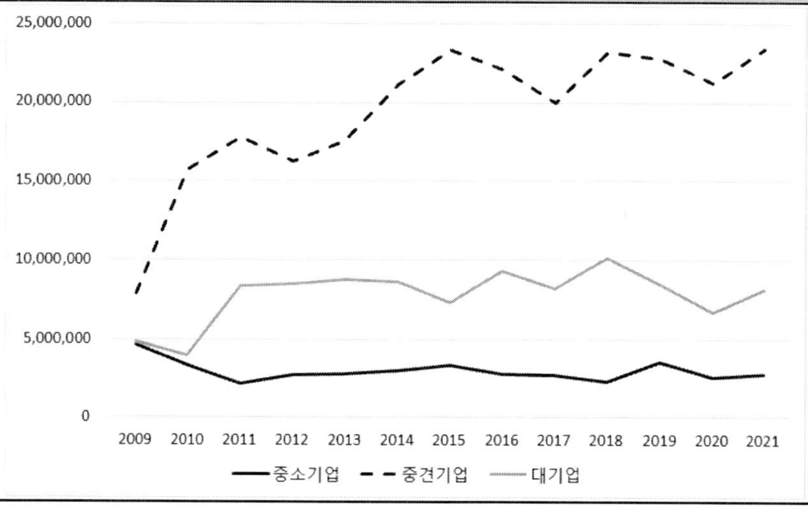

자료: 통계청, 「기업활동조사」(2009~21)를 이용하여 저자 계산.

[그림 3-19] 서비스업 기업활동의 기업규모별 추세(연구개발비 및 사업체 수)

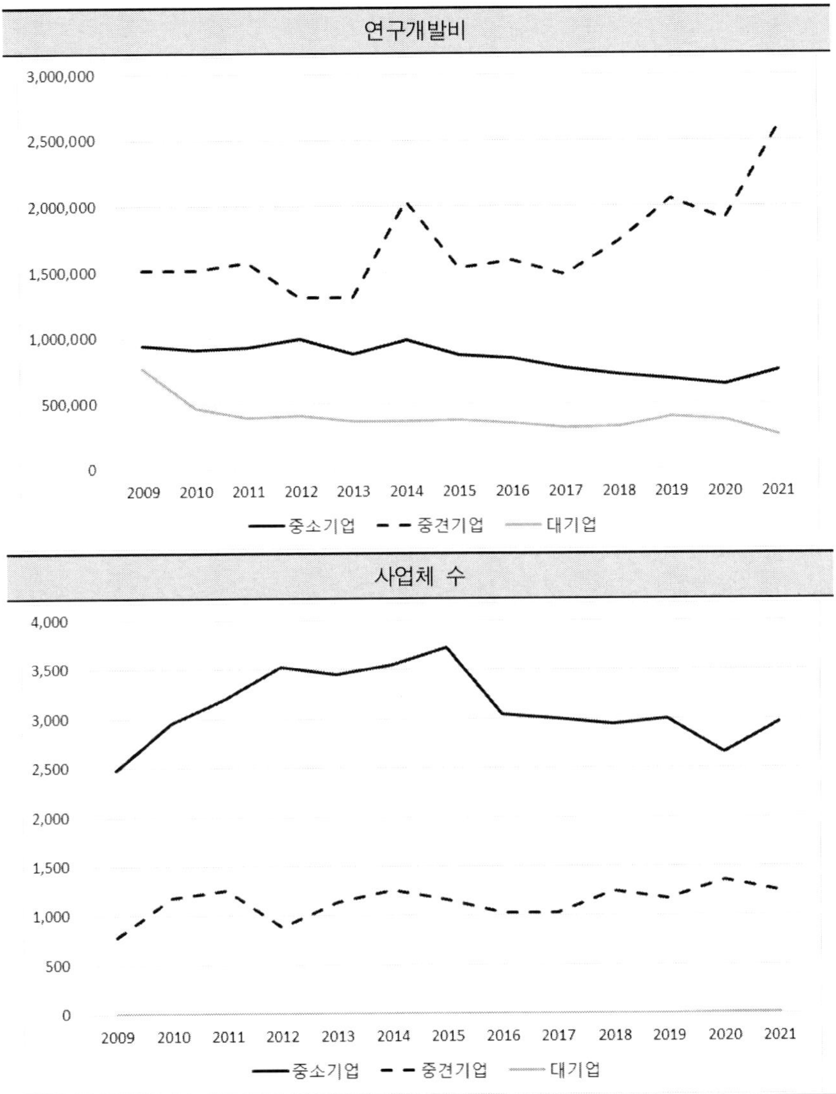

자료: 통계청, 「기업활동조사」(2009~21)를 이용하여 저자 계산.

창출하는 부가가치의 비중이 가장 높으며, 고용인 수, 유형자산, 무형자산, 연구개발비 투자가 크게 증가하여 활동이 활발히 증가한 것을 알 수 있다. 2016년부터 모든 규모의 기업의 부가가치가 감소하였지만 이후 2021년까지 중견기업의 부가가치 회복세가 가장 높았다.

중소기업의 경우 유형자산의 규모가 증가하였으나 무형자산 및 연구개발비의 규모는 감소하였다. 서비스업의 경우 무형자산의 역할이 중요한 것을 고려하였을 때 중소기업의 투자활동이 위축된 현상은 경쟁력 약화와 연결될 수 있다.

[그림 3-20]에 서비스업 기업의 생산성을 기업규모별로 나타냈다. 제조업과 마찬가지로 노동생산성과 총요소생산성 모두 기업규모가 클수록 높게 나타났다. 하지만 생산성 추이를 보면 총요소생산성은 2010~15년 사이에 생산성이 정체되다가 2016년부터 생산성이 하락하여 오히려 생산성이 낮아졌다. 노동생산성의 경우 중소기업은 약간 상승하였으나 중견기업은 정체하였으며 대기업의 생산성은 하락하였다. 제조업에서와 같이 지난 10년간 생산성이 정체된 모습은 생산성이 성장동력으로서의 역할을 하지 못하고 있는 현상을 보여준다.

[그림 3-21]에 서비스업 기업규모별 인당 급여수준과 기술 활용도를 나타냈다. 인당 급여(노동비용)는 기업규모가 클수록 높으며 대기업은 정체, 중견기업과 중소기업은 증가 추세를 보였다. 서비스업 기업의 기술 활용과 관련하여 4차 산업혁명 관련 9개 기술을 하나라도 활용하고 있는 기업의 비중이 대기업의 경우 2017년 42%에서 2021년 60%로 증가하였다. 중견기업은 2021년 기준 23%로 낮게 나타났고 중소기업은 16%로 나타나 상대적으로 큰 기술 활용 격차를 보였다.

[그림 3-20] 서비스업 기업활동의 기업규모별 추세(노동생산성 및 총요소생산성)

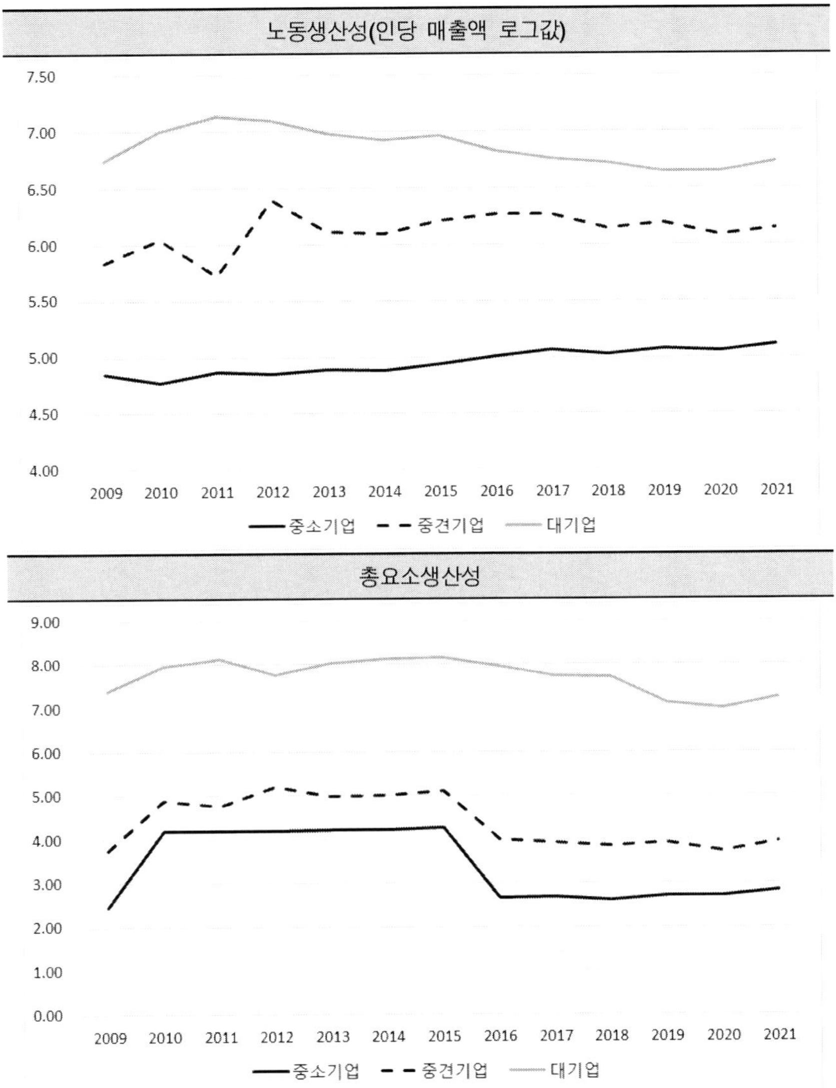

자료: 통계청, 「기업활동조사」(2009~21)를 이용하여 저자 계산.

[그림 3-21] 서비스업 기업활동의 기업규모별 추세(인당 급여 및 기술 활용)

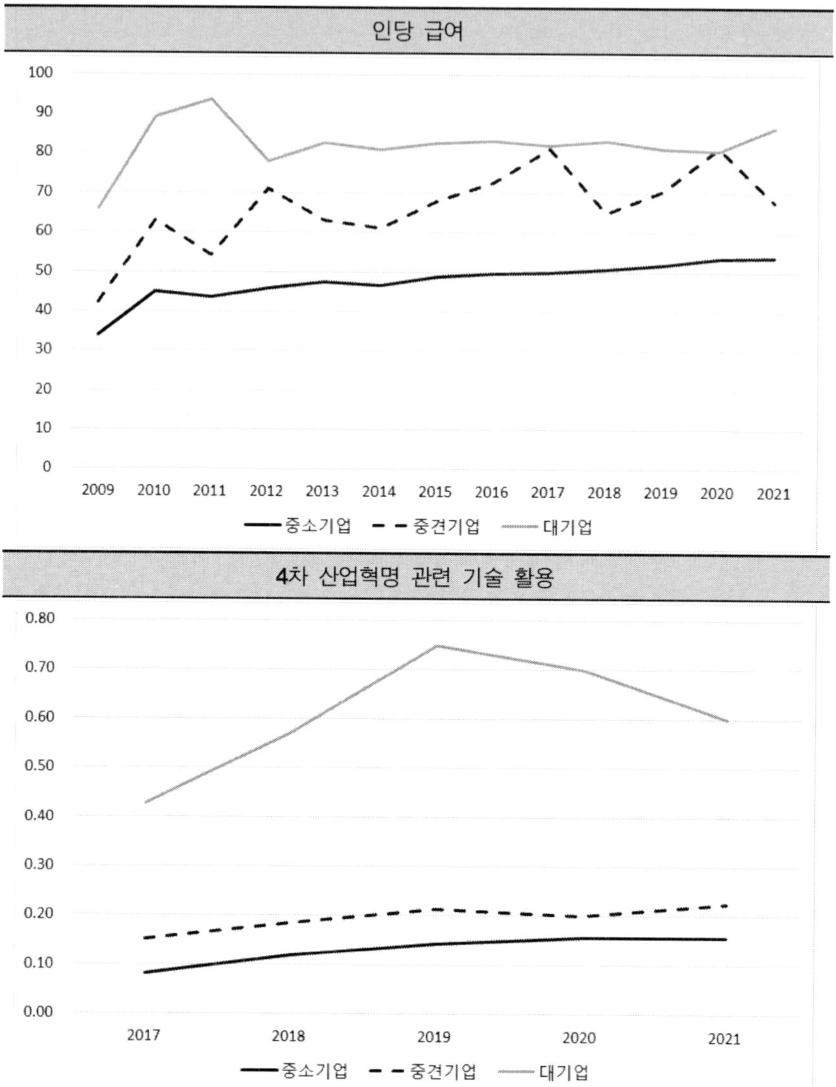

자료: 통계청, 「기업활동조사」(2009~21)를 이용하여 저자 계산.

제4장

국가 챔피언 기업 육성정책의 효과

국가 챔피언 기업 육성정책은 시장에서 선도적인 기업 혹은 혁신적인 기업을 선별하여 국가 대표기업으로 육성하거나 국가 전략적 산업에서 경쟁력 있는 기업을 육성하는 정책으로 앞서 제2장에서 논의한 선별적 산업정책에 해당한다. 국가 챔피언 기업 육성정책은 이미 혁신을 선도하는 기업 혹은 규모가 있는 기업을 선별하여 지원한다는 점에서 앞서 논의한 '승자 선정의 위험'이 높은 사업이라 할 수 있으며 시장실패가 발생하는 영역(정부지원의 필요성에 대한 근거)이 명확하지 않은 문제가 있다.

우리나라의 대표적인 국가 챔피언 기업 육성정책으로 한국형 히든챔피언 육성대책이 있다. 정부는 잠재성장률과 1인당 국민소득을 높이기 위한 전략으로 2014년 2월 25일 「경제혁신 3개년 계획」을 발표하고, 같은 해 3월 5일 제10차 경제관계장관회의에서 세부 실행과제 59개를 발표했다.[26] 「경제혁신 3개년 계획」의 네 개 추진전략 중 하나인 역동적인 혁신경제 분야의 해외진출 촉진 과제 7개 중 핵심과제로 한국형 히든챔피언 육성 대책이 추진되었다.

히든챔피언은 Simon(2009)에서 대중에게 잘 알려지지 않은 작지만 경쟁력 있는 글로벌 선도 기업을 지칭하기 위해 다음 조건을 만족하는 기

26 기획재정부, 「'경제혁신 3개년 계획' 추진방향」, 2014. 1. 15 및 「'경제혁신 3개년 계획' 세부 실행과제 확정 · 발표」, 2014. 3. 5.

업으로 정의하였다. 해당 조건은 1) 시장점유율이 세계시장 1위, 2위, 3위 또는 해당 기업의 대륙에서 1위인 기업, 2) 매출액이 50억달러 이하인 기업, 3) 대중적 인지도가 낮은 기업이다.

우리 정부는 해당 개념을 이용하여 1) 세계시장 점유율 1~3위, 2) 3년 평균 매출액 100억원 이상 중소 및 중견 기업, 3) 3년 평균 매출액 대비 R&D 비중 2% 이상, 4) 3년 평균 매출액 대비 수출 비중 20% 이상, 5) 매출액 대비 인건비 비중 업종 평균 이상, 6) 국내 특정 대기업 납품 비중 50% 미만 등 6개 기준을 충족하는 기업을 '한국형 히든챔피언'으로 정의했다. 정부는 2014년 10월 30일 '제35차 경제관계장관회의'에서 해당 기준 및 한국형 히든챔피언 육성대책을 발표하면서 "63개로 추정되는 한국형 히든챔피언을 2017년까지 100개 수준으로 끌어올리겠다"고 목표를 제시하였다(기획재정부, 2014. 10. 30).

정부는 2014년 대책 발표 이전부터 시행해온 World Class 300 육성사업 및 글로벌 전문기업 육성사업, 글로벌 강소기업 육성사업을 히든챔피언 육성정책으로 연계하였다. 해당 사업들은 공통적으로 선정기업 전용기술개발, 글로벌 시장 진출 및 확대를 위한 해외마케팅, 금융서비스, 기타 인력사업 등을 연계 지원하는 사업이다. 사업의 목표는 "글로벌 성장 의지와 잠재력을 갖춘 중소·중견 기업을 세계시장에서 혁신성과 성장성을 갖춘 히든챔피언 기업으로 육성함으로써, 성장동력을 지속적으로 확충하며 질 좋은 일자리를 창출"하는 것으로 설정하였다.[27]

본 장에서는 히든챔피언 육성정책에 포함된 사업 중 상대적으로 규모가 큰 기업을 지원하는 월드클래스300 사업을 대상으로 사업이 설계된 구조와 특성을 이해하고 정책효과를 분석한 뒤 이를 바탕으로 정책의 설계 및 지원 방식에 대해 논의한다. 분석을 위해 월드클래스300 사업 선정기업 리스트를 통계청의 「기업활동조사」 자료와 연계하여 월드클래스300 사업 선정기업의 특성을 이해하고 지원 이후 성과에 대한 영향을 측정한다.[28]

---

27 산업통상자원부·중소기업청, 「한국형 히든챔피언 육성사업 시행계획 통합공고」, 2016, 2017.

제1절 월드클래스300 사업의 특성

1. 월드클래스300 사업 정보

정부는 홈페이지(https://www.worldclass300.or.kr/index.do)를 통해 월드클래스300 사업(이하 WC300)에 대한 정보를 제공하고 있으며, 월드클래스300 기업을 "기업 스스로 성장역량을 강화하고 지속적인 혁신을 통해 미래 성장동력과 경쟁우위를 확보하며, 거래관계의 독립성을 바탕으로 성장잠재력이 큰 시장에서 글로벌 기업과 경쟁, 거래, 협력하면서 시장 지배력을 확대하는 기업"으로 정의하고 있다.[29]

WC300은 사업명에서 알 수 있듯이 300여 개 기업을 월드클래스 기업으로 육성한다는 목표를 가지고, 중소·중견 기업 중 규모와 특성이 WC300 선정 기준을 충족하는 기업을 대상으로 R&D, 수출 마케팅 등 지원시책을 패키지로 공급 지원하는 사업이다.

대상 기업 기준은 전 업종에서 기업규모 기준 매출액 4백억원 이상 1조원 미만이면서(단, 시스템SW 개발공급업 등은 100억원 이상) 기업 특성 기준 최근 3년간 매출액 대비 R&D 투자비율이 평균 2% 이상이거나 최근 5년간 연평균 매출액 증가율이 15% 이상인 기업에 지원 자격을 부여하고 있다. 상당한 규모를 갖추고 있으며 동시에 성장성 또는 연구개발 비중이 높은 기업을 지원대상으로 하고 있다(표 4-1 참고).

2011년부터 2018년 사이에 313개 기업이 선정되고 그중 42개 기업이 자진철회, 자격미달 등의 이유로 지정취소되어 271개 기업이 월드클래스300 기업으로 지정되었다. <표 4-2>에 연도별 선정 건수와 지정취소 건수, R&D 과제 정부지원 금액을 나타냈다. R&D 과제 한 건당 평균 31.5억원이 지원되어 기업당 지원규모가 상당히 큰 사업임을 알 수 있다.

---

28 한국산업기술진흥원, 「월드클래스300기업」(공공데이터포털에서 다운로드).

29 World Class 300(https://www.worldclass300.or.kr/integ/sub01_01_01.jsp, 최종접속일: 2023. 10. 20).

<표 4-1> 월드클래스300 사업 정보

항목	내용
사업목적	글로벌 기업으로의 성장의지와 잠재력을 갖춘 중소·중견 기업을 World Class 300 기업으로 육성함으로써, 취약한 산업의 허리를 강화하고 성장동력을 지속적으로 확충하며 질 좋은 일자리를 창출
지원대상 기업규모 및 업종	전년도 결산 재무제표 또는 당해 연도 추정 재무제표 기준 매출액 4백억원 이상(단, 시스템SW 개발공급업 등은 100억원 이상) 1조원 미만인 전 업종 중소·중견 기업(산업발전법 시행령 제3조의2항의 규정에 의한 '공공기관', '금융업', '보험 및 연금업', '금융 및 보험 관련 서비스업'은 지원 제외)
기업 특성	최근 3년간 매출액 대비 R&D 투자비율이 평균 2% 이상이거나, 최근 5년간(2007~11년) 연평균 매출액 증가율이 15% 이상인 기업
지원 범위	WC300 프로젝트 R&D 지원, 특허전략 수립 지원, 중소·중견 기업의 글로벌화 지원을 포함하며, 이 외에 기업이 필요로 하는 시책도 관련 기관과의 협의 등을 통해 연계 지원

자료: 한국산업기술진흥원(https://www.worldclass300.or.kr/index.do); 산업통상자원부·중소벤처기업부 외 해당 부처, 「월드클래스 300 프로젝트 시행계획 공고」, 2011~18.

<표 4-2> 월드클래스300 사업 지원 건수 및 금액 추이

(단위: 건수, 억원)

	2011	2012	2013	2014	2015	2016	2017	2018
선정 건수	30	37	33	56	30	50	36	41
지정취소	4	4	6	11	5	6	3	3
지원금액	752	1,060	810	1,518	845	1,601	1,062	1,085

자료: 산업통상자원부, 「월드클래스300 선정기업 리스트」, 각년도.

WC300 사업과 관련된 중기부와 산업부의 예산을 파악하여 <표 4-3>과 <표 4-4>에 각각 나타냈다. 중기부에서는 2011년부터 2018년까지 예산을 집행하였으며, 2013년 이후로는 매년 500억원이 넘는 예산을 집행하였다. 2017년부터는 관련 예산이 주로 산업부로 편성되었다. 2018년에 WC300 선정이 종료되며 예산이 줄었다가 2021년부터 WC300 2단계 사업이 시행되면서 최근 2023년까지 산업부에서 연간 500억원 이상의 예산 규모로 지원하고 있다.

<표 4-3> 월드클래스300 사업 예산(중기부)

(단위: 억원)

사업명		2011	2012	2013	2014	2015	2016	2017	2018
글로벌 중견기업 육성 인프라 구축 (R&D)	총액	156	300	550	691	878	524	701	653
	WC300 프로젝트 지원 (R&D)	-	-	550	647	830	512	682	635
글로벌 중견기업 육성 인프라 구축		-	-	5	8	8	5	5	2

주: 예산은 억원 단위로 반올림한 수치임.
자료: 1) 2011, 2012년 예산은 중소기업청, 「2017년도 예산 및 기금운용계획 사업설명자료」.
2) 2013~16년 예산은 중소기업청 「세입세출 예산 및 기금운용계획 개요」.
3) 2017, 2018년 예산은 중소벤처기업부, 「2018년도 예산 및 기금운용계획 사업설명자료」.

<표 4-4> 월드클래스300 사업 예산(산업통상자원부)

(단위: 억원)

사업명	2011	2012	2013 ~16	2017	2018	2019	2020	2021	2022	2023
합계	3	8	-	557	464	373	403	573	586	542
글로벌 중견기업 육성 프로젝트 지원(R&D)	-	-	-	527	435	339	297	322	206	55
글로벌 중견기업 육성 인프라 구축	3	8	-	30	29	34	50	52	67	69
월드클래스300 프로젝트 기술개발(R&D)	-	-	-	-	-	-	56	75	73	73
월드클래스플러스 프로젝트 지원 (R&D)	-	-	-	-	-	-	-	124	240	345

주: 1) 예산은 억원 단위로 반올림한 수치임.
2) 월드클래스 기업으로 선정되었으나 사업 일몰로 R&D 지원을 받지 못한 기업에 정부 정책의 신뢰성을 고려하여 연속적인 R&D 지원을 위해 2020년부터 월드클래스300 프로젝트 기술개발(R&D) 예산 편성.

자료: 2011, 2012년 예산은 지식경제부, 「2012년도 예산 세부사업 설명자료(기획조정실 · 산업경제실)」, 2017~23년 예산은 산업통상자원부, 「예산 및 기금운용계획 사업설명자료」, 각년도.

2. 월드클래스300 사업의 선정 기준 및 성과지표

2011년부터 2018년까지 WC300 사업의 대상 기업 선정이 완료되면서 WC300 사업은 종료되었으나 2021년 5월 14일 월드클래스 시즌II 출범식을 개최하면서 중견기업 육성 대표정책으로 월드클래스 2단계 사업을 발표하였다. 출범식에서 "2030년까지 우수한 역량을 갖춘 기업 200개사 내외를 선발하여 총 9,135억원을 투자하고, 셰르파 기관을 통해 경영 전주기 지원"을 하겠다는 2030 비전을 선포하였다.[30] 셰르파 기관은 금융, 수출, 경영 및 투자 컨설팅, 인력 관련 지원을 연계하여 수행할 수 있는 유관기관을 의미한다.

산업정책의 효과성에 대한 논의의 시작은 지원을 통해 달성하고자 하는 목표가 구체적이고 실현 가능하며 측정 가능하게 설정되었을 때 가능하다. 프로젝트 관리, 개인 개발, 정책 수립에서 효과적인 목표 수립 시 사용되는 SMART 기준에 따라 Specific(구체성), Measurable(측정 가능), Achievable(달성 가능), Relevant(연관성), Time-bounds(시간제약)을 고려하여 목표를 설정할 필요가 있다. 목표 설정과 관련해서는 제5장의 정책 제언 부분에서 개선방안을 제시하도록 한다.

정책목표의 설정은 지원기업을 통해 달성하려는 성과의 방향을 제시하는 것이며, 지원대상을 한정하는 기업 선별 기준은 앞서 논의한 조건성(conditionality)과 관련된다. <표 4-5>를 보면 신청 자격조건은 우선 매출액이 특정 구간 안에 있어야 하며, 지난 5년간 매출액이 약 2배 성장하였거나 연구개발비 비중이 높아야 한다. 해당 조건으로 규모가 대기업 수준은 아니지만 중규모 기업 중 성장성이 매우 높은 기업 또는 혁신활동을 활발히 하는 기업으로 지원대상을 한정하였다.

신청 자격조건은 사업 수행 기간이 지나면서 변화하였는데, 2015년부터는 직간접 수출 비중이 20% 이상인 기업으로 앞의 조건을 충족하면서 수출 역량을 상당히 갖춘 기업으로 조건을 부여하고 있다. 해당 조건은

---

30 산업통상자원부, 「중견 육성 대표 정책 '월드클래스', 새로운 10년 출발」, 보도자료, 2021. 5. 14.

<표 4-5> 월드클래스300, 월드클래스플러스(+) 사업 신청 자격 및 지원 내용

		월드클래스300	월드클래스플러스(+)	
			WC 기업	WC 후보기업
선정 규모		중소・중견 기업 300개사[1]	중견・중견후보 기업 150개사[1]	
신청 자격	매출액	400억원 이상 1조원 미만	매출액 1조원 미만 중견기업 또는 매출액 700억~1조원의 중견기업 후보기업	매출액 1조원 미만의 중견기업(매출액 하한선 없음) 또는 매출액 700억~1조원의 중견기업 후보기업
	기업 특성	1. 직간접 수출 비중이 20% 이상이면서,[2] 2. 최근 3년간 평균 R&D 투자비율이 2% 이상 또는 최근 5년간 연평균 매출액 증가율이 15% 이상	1. 직간접 수출 비중이 20% 이상이면서, 2. 최근 3년간 평균 R&D 투자비율이 2% 이상 또는 최근 5년간 연평균 매출액 증가율이 15% 이상	직접 수출 비중이 50% 미만이면서, 최근 3년간 평균 R&D 집약도가 1% 이상
지원 내용	R&D	최대 5년 평균 28억원	-	과제당 국비 평균 30억원(최대 40억원), 지원기간 최대 4년
	비R&D	해외마케팅, 경영, 금융, 컨설팅, 인력 등 기업지원사업 운영기관 및 부처와의 협의를 거쳐 우대	인력, 수출, 컨설팅 등 기업 성장에 필요한 경영 지원, 글로벌 성장 금융 지원(정책금융, 6,000억원 규모)	21개 지원시책 지원(금융, 인력, 수출 컨설팅 등 기업 맞춤형 해외시장 진출 지원)

주: 1) 선정 규모는 한 해에 선정된 기업 수가 아닌 사업 전체 기간의 선정 목표를 의미함.
2) 수출 비중에 관한 기준은 2015년부터 적용됨.
자료: 월드클래스 기업협회(https://worldclass300.org/new/html/?p=0303, 접속일: 2023. 10. 20); 산업통상자원부・중소벤처기업부 외 해당 부처, 「월드클래스 300 프로젝트 시행계획 공고」, 2011~18; 산업통상자원부, 「2021년도 월드클래스플러스사업 신규지원 공고」.

WC300 후속사업에 해당하는 월드클래스플러스 사업에서는 사업을 WC 기업과 WC 후보기업으로 구분하고 WC 후보기업 대상으로는 R&D 집약도 기준을 1% 이상으로 낮추어 적용하였다.

WC300은 신청 자격 요건이 충족되면 4개 분야(수출확대, 기술확보, 투자, 경영혁신 및 고용)에 대한 성장전략서를 제출하여 기술확보, 수출

<표 4-6> 월드클래스300 사업 선정방식

주요 항목	세부 항목
요건 심사	신청 자격 요건 충족 여부 심사
분야 평가	• 요건 심사를 통과한 기업은 성장전략서를 제출 • 성장전략서에는 4개 분야(수출확대, 기술확보, 투자, 경영혁신 및 고용)에 대한 시장・기술 현황 분석의 객관성・종합성, 기업역량의 우수성, 전략목표의 명확성・적정성・달성 가능성, 전략・실행 계획의 구체성・타당성, 자기노력의 적극성 등이 제시되어야 함.
현장 확인 및 검증	평가위원회에서 현장실사를 요청한 기업을 대상으로, 성장전략서에 제시된 내용의 사실 여부 확인 및 기업의 성실성, 도덕성 검증
종합평가	분야 평가, 현장 확인 및 검증 결과를 종합하고, 기술확보, 수출확대, 히든챔피언 달성 가능성, 지역경제 파급효과, 기업평판 등을 종합적으로 평가

자료: 산업통상자원부・중소벤처기업부, 「2018년도 월드클래스300 프로젝트 시행계획 공고」.

확대, 히든챔피언 달성 가능성 등을 종합적으로 평가하여 선정하였다(표 4-6 참고).

선정 시 종합평가의 세부항목에 히든챔피언 달성 가능성이 고려되고 있는 것을 알 수 있다. 하지만 본 장의 서두에서 소개한 한국형 히든챔피언의 첫 번째 조건으로 세계시장 점유율 1~3위의 조건이 있으나 관련한 조건 달성을 위한 구체적인 성과지표는 제시되고 있지 않다. WC300 사업을 담당한 중기부와 산자부의 세입・세출 결산 사업설명자료와 성과보고서에 나온 WC300 사업의 성과지표를 <표 4-7>과 <표 4-8>에 각각 나타냈다.

중기부의 경우 2013년부터 2015년까지의 성과지표로 지원기업의 지식재산권 발생 건수를 설정하였다. 국내 및 해외에 출원하거나 등록한 재산권 발생 건수의 가중합으로 계산하고 특정 목표치를 제시하고 있지만 WC300 선정기업의 기업별 지원 이후 재산권 변화 효과를 측정하고 있지는 않은 한계가 있다. 2016년부터 2018년까지는 성과지표로 등록특허 SMART 평가등급을 활용하여 양보다는 등록특허의 질을 측정하려고 하였다.

산자부의 경우 코스닥 상장기업의 매출 증가율과 WC300 기업의 매출 증가율 차이, 지원기업 만족도, 해외 거래처 수의 세 가지 지표를 설정하

<표 4-7> 월드클래스300 사업 성과지표(중기부)

성과지표	구분	'13	'14	'15	'16	'17	'18	목표치 산출근거	측정산식 (또는 측정방법)	자료수집 방법 (자료출처)
지원기업의 지식재산권 발생 건수(건)	목표	44	52	68	-	-	-	-	(국내출원 건수 × 가중치 10%) +(국내등록 건수 × 가중치 20%) +(해외출원 건수 × 가중치 30%) +(해외등록 건수 × 가중치 40%)	기업제출 자료 및 성과분석
	실적	67	70	71	-	-	-			
	달성도	152	135	104	-	-	-			
등록특허 SMART 평가등급 (단위: 배점)	목표	-	-	신규	5	5	5	신규지표로서 SMART 평가등급의 중간 등급(BB)으로 설정	전년도 등록특허 SMART 점수의 평균	기업제출 자료 및 성과분석
	실적 (구버전)	-	-	신규	4.394	4.763				
	실적 (신버전)					3.934	3.681			
	달성도	-	-	신규	87.9	(구) 95.3 (신) 78.7	73.6			

주: 2018년부터는 개정된 신평가모델로 측정.
자료: 중소벤처기업부, 「2015년도 세입·세출 결산 사업설명자료 요약본」; 중소벤처기업부, 「2020년도 예산 및 기금운용계획 사업설명자료」.

<표 4-8> 월드클래스300 사업 성과지표(산업통상자원부)

성과지표	구분	'15	'16	'17	'18	측정산식 (또는 측정방법)	자료수집 방법 (또는 자료출처)
코스닥 상장기업의 매출 증가율과 Worlc Class 300 기업의 매출 증가율 차이	목표	-	2.0	2.1	2.2	WC300 기업의 매출 증가율 [(당해 연도 매출액－전년도 매출액) / 전년도 매출액 × 100%]－당해 연도 코스닥 상장기업의 매출 증가율	WC300 기업: 전자공시 시스템 코스닥 상장기업: 한국 거래소 자료
	실적	-	2.02	-3.43	2.2		
	달성률 (%)	-		-163.3	100.0		
지원기업 만족도	목표	8.1	8.7	8.5	8.6	지원기업 만족도 평균	WC300 기업을 대상으로 만족도 조사 실시
	실적	8.66	8.36	8.5	8.6		
	달성률 (%)	106.9	96.1	100.0	100.0		
지원기업 해외 거래처 수	목표	8,804	9,244	9,706	9,997	당해 연도 WC300 기업 해외 거래처 수 조사	WC300 기업 실적조사
	실적	8,831	9,312	9,725	10,092		
	달성률 (%)	100.3	100.7	100.2	100.1		

자료: 산업통상자원부, 「2018 회계연도 성과보고서」.

였다. 코스닥 상장기업의 경우 해당 기업의 특성과 WC300 기업의 특성 간에 상당히 차이가 있을 수 있다. WC300은 신청 자격조건이 있으므로 해당 조건을 만족하는 기업이 자연스러운 비교대상이 될 것이다. 해외 거래처 수 또한 지원 이후 변화 효과를 나타내기보다 WC300 기업 전체의 합으로 계산하고 있어 사업의 성과를 판단하기 어려운 지표이다.

부처에서 설정한 성과지표들이 사업의 성과를 객관적으로 판단하기 어려운 지표이거나 해당 지표의 달성 정도가 사업을 개선하는 데 도움이 별로 되지 않는 경우로 설정되었다고 볼 수 있다. 또한 조건성 부여를 통해 기업의 달성을 유도하는 성과지표가 사업의 목적에 부합하도록 설정되어야 하나 수출 성과 변화, 신규 글로벌 시장 진출, 세계시장 점유율 변화 등의 지표들은 포함되어 있지 않았다. 기업 특성을 고려한 정책의 효과성 평가 결과를 매년 기업을 새로 선별하는 데 활용함으로써 사업의 진행상황을 점검하고 효과성을 제고할 수 있다. 하지만 개별 기업 수준에서의 성과 관리가 아닌 전체 평균 혹은 합계 수치를 성과지표로 제시하는 것에서부터 성과평가를 통한 사업의 관리가 제대로 이루어지고 있지 않다는 것을 알 수 있다.

이어서 WC300 기업의 특성 및 관련 기업동학을 이해하고 WC300 지원의 효과를 기업활동의 다양한 측면에서 분석하도록 하자.

3. 월드클래스300 사업 수혜기업의 특성

월드클래스300 사업 선정기업 정보를 통계청의 「기업활동조사」 자료와 연계하여 월드클래스300 사업 선정기업의 특성을 이해해보자.

2012년을 기준으로 WC300에 선정된 기업과 선정되지 않았지만 WC300 사업 신청 자격조건이 되는 기업(자격 충족 기업), 그리고 자격조건이 되지 않는 여타 기업의 특성 평균을 제조업과 서비스업으로 구분하여 <표 4-9>에 나타냈다. WC300 자격 충족 기업은 매출액 규모 기준을 충족하며 매출액 성장률 기준 또는 R&D 투자비율 기준(2% 이상)을 만족시키는 기업에 해당한다. WC300 선정기업 중 대다수는 제조업에 해당

<표 4-9> 2012년도 WC300 지원 수혜기업, 자격 충족 기업, 여타 기업의 특성

	제조업			서비스업		
	WC300 기업	자격 충족 기업	여타 기업	WC300 기업	자격 충족 기업	여타 기업
기업개수	27	406	5261	3	66	2099
업력(년)	18.0	18.0	19.8	17.7	14.6	17.0
노동생산성(로그값)	4.38	4.17	4.14	4.25	4.26	4.19
총요소생산성(로그값)	4.05	4.05	4.09	4.30	4.40	4.45
매출액(억원)	2487	469	2275	728	441	1218
부가가치(억원)	483	109	399	226	153	190
종사자 수(명)	569	154	319	240	229	210
유형자산(억원)	707	174	855	100	59	152
무형자산(억원)	80	9	52	36	23	33
연구개발비(억원)	129	11	73	28	13	10
연구개발비 / 매출액(%)	4.1%	1.4%	0.9%	3.7%	1.1%	0.1%
부채비율(%)	45.7%	57.4%	56.2%	50.2%	43.5%	49.4%
인당 인건비(백만원)	47.5	43.5	47.3	44.5	55.8	58.4
특허권(개)	81.3	12.8	88.2	52.7	9.0	15.4
국내 관계회사 수(개)	2.2	0.8	1.5	0.3	1.6	2.4
해외 관계회사 수(개)	3.3	1.3	1.8	1.7	1.2	1.3
해외 관계회사 투자금액(억원)	241	32	345	185	13	136
지난 3년 매출액 성장률	56.3%	49.6%	19.6%	9.6%	36.5%	1.4%
지난 1년 매출액 성장률	5.6%	-0.9%	0.2%	11.1%	5.1%	-0.7%
향후 1년 매출액 성장률	14.4%	2.9%	5.5%	-1.5%	5.4%	1.0%
향후 3년 매출액 성장률	17.5%	3.7%	7.6%	-14.8%	1.7%	2.2%
부채비율(%)	5.5%	2.9%	14.4%	1.0%	5.4%	-1.5%

주: 1) WC300 기업은 해당 연도 WC300 사업의 지원 수혜기업, 자격 충족 기업은 WC300 사업의 자격조건을 충족하나 비수혜기업에 해당함.
2) 생산성은 로그생산성 평균값을 나타냄.
3) (원) 단위로 표현된 변수는 실질값임.

자료: 통계청, 「기업활동조사」와 한국산업기술진흥원, 「월드클래스300기업」 자료를 이용하여 저자 계산.

한다. 서비스업의 WC300 기업 특성은 소수 기업의 평균으로 특정 기업의 영향이 클 수 있다. 연도별로 비교 가능하지만 WC300 사업 후반기에 해당하는 2018년의 선정기업 특성 비교를 부록의 <부표 4>에 제시한다.

2012, 2018년 모두 제조업에서 WC300 선정기업의 노동생산성은 자격 충족 기업과 여타 기업에 비해 상대적으로 높게 나타났다. WC300 선정기업의 총요소생산성은 2012년의 경우 자격 충족 기업과 유사하나 여타 기업보다 낮았고 2018년에는 다른 기업에 비해 더 높게 나타났다. 서비스업에서 WC300 선정기업의 노동생산성은 자격 충족 기업과 유사하고 여타 기업에 비해 상대적으로 높았다. WC300 선정기업의 총요소생산성은 자격 충족 기업과 여타 기업에 비해 상대적으로 낮게 나타났다. 하지만 2018년의 서비스업 WC300 선정기업의 노동생산성과 총요소생산성은 다른 기업에 비해 높았다.

제조업의 경우 WC300 선정기업의 매출액, 종사자 수, 무형자산, 연구개발비 규모가 2012년에는 여타 기업보다 높았지만 2018년에는 상대적으로 규모가 작은 기업이 선정된 것을 알 수 있다. 해당 변수를 자격 충족 기업과 비교하였을 때에는 2012년과 2018년 모두 WC300 선정기업의 규모가 자격 충족 기업에 비해 크다. 이는 시간이 지나면서 제조업에서 WC300 지원 자격을 갖춘 기업의 수와 규모가 평균적으로 축소되고 있음을 의미한다.

서비스업의 경우에는 2018년에 선정된 WC300 기업의 매출액, 종사자 수, 연구개발비 규모가 여타 기업에 비해 컸다. WC300 선정기업의 매출액 대비 연구개발 비중(R&D 투자율)이 여타 기업보다 높게 나타났지만, 2018년에 선정된 기업의 연구개발 비중은 2012년에 선정된 기업에 비해 낮게 나타났다.

WC300의 신청 자격조건은 앞 소절에서 제시하였듯 우선 매출액이 400억원 이상 1조원 미만이어야 한다. 규모 기준으로 중소기업 기준에서는 상대적으로 큰 기업에 해당하며 대부분의 중견기업은 해당 기준을 충족한다. 하지만 규모 조건 이외에 지난 5년간 매출액이 약 2배 성장하거나 연구개발비 비중이 2% 이상이어야 하는 조건이 있어 해당 조건을 충족하는 기업의 비중이 작을 수 있다.

경제 전반의 성장률이 낮아질 경우 매출액 성장률 조건을 만족하는 기업의 수가 줄어드는데, 이는 WC300 지원자격을 만족하는 기업의 풀이 줄어드는 것을 의미한다. 이는 선정에서 경쟁이 낮아질 수 있음을 의미하며, 이것이 지원 초기 2012년과 지원 마지막 해인 2018년 선정기업의 특성이 다르게 나타난 원인일 수 있다.[31]

제조업 WC300 선정기업의 부채비율은 자격 충족 기업과 여타 기업에 비해 상당히 낮게 나타났다. WC300 선정기업의 신용제약 정도가 다른 기업에 비해 오히려 낮을 수 있다는 것을 시사한다. WC300 지원대상이 상대적으로 규모가 있는 기업임을 고려했을 때 연구개발에 필요한 자금조달에 제약이 크지 않을 수 있다. 이는 정부 자금지원의 실효성과 연계될 수 있는 부분이다.

WC300 선정기업과 자격 충족 기업의 지원 이후 1년 혹은 3년간의 매출액 성장률 평균을 비교해보면 WC300 선정기업의 성장률이 더 높게 나타난다. 하지만 이를 그대로 WC300 사업의 효과로 제시하는 것은 유의하여야 한다. WC300 사업 자격을 충족한 기업 중에서도 지원을 받는 기업의 특성이 다른 기업과 다를 수 있으며, 이러한 특성이 지원 이후 성장률에 영향을 미칠 수 있다. 해당 효과를 통제한 사업의 효과 분석을 위해 계량경제학 방법론을 적용하고 다음 절에서 결과를 제시한다.

4. 월드클래스300 사업 지원 자격 충족 기업 동학

본 소절에서는 WC300의 신청 자격조건 중 매출액 성장률 기준(최근 5년간 연평균 매출액 증가율 15% 이상)을 충족한 기업을 고성장기업으로 분류하고 「기업활동조사」상 기업 중 고성장기업의 비율의 변화 추이를

31 부록의 <부표 5>에 제조업에 한정하여 기업규모별로 중소기업과 중견기업을 구분하여 WC300 선정기업과 여타 기업의 평균적인 특성을 비교하여 보았을 때, 앞서 제시한 2012년과 2018년 WC300 선정기업의 특성 차이는 대부분 중견기업에서 나타난 것을 알 수 있다.

[그림 4-1] 연도별 매출액 성장률 기준 지원 자격 충족 기업 비율

(단위: %)

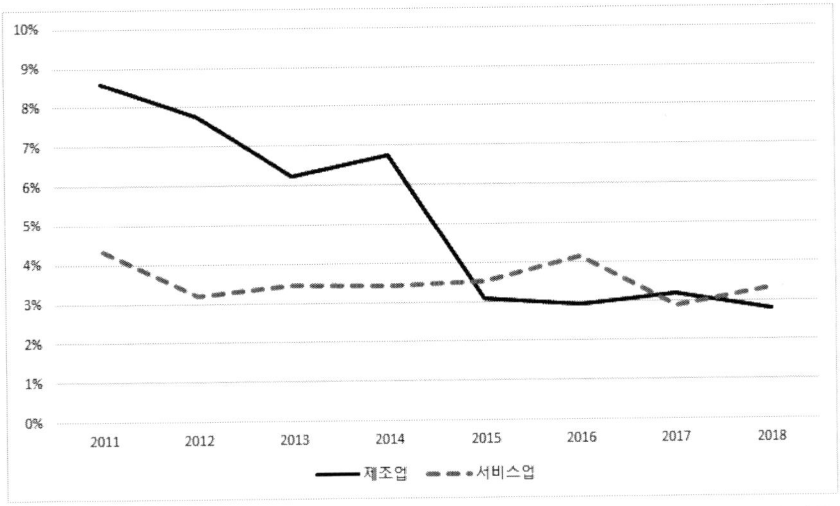

주: 「기업활동조사」상 기업 중 최근 5년간 연평균 매출액 증가율이 15% 이상인 기업의 비율.
자료: 통계청, 「기업활동조사」(2006~18)를 이용하여 저자 계산.

[그림 4-1]에 나타냈다.

서비스업의 경우 그 비율의 변화가 크지 않다. 하지만 제조업의 경우 2011년에는 8.5%를 넘는 기업이 고성장기업에 해당하였으나 2018년에는 그 비율이 3% 이하로 감소하였다. 고성장하는 기업의 감소는 제조업에서 경제 역동성의 주요 동력이 감소하였다는 것을 의미한다.

해당 매출액 성장률 기준으로 WC300 지원 자격을 부여하였고, WC300 지원의 대다수가 제조업 기업에 해당하는 상황을 고려할 때, 시간이 지나면서 WC300 지원이 효과적인 기업을 찾기 어려워졌음을 의미하기도 한다.

WC300 사업과 관련한 기업동학을 더 잘 이해하기 위해 WC300 선정기업과 고성장기업 그리고 고성장기업 조건을 충족시키지 못하는 여타 기업으로 기업을 구분하여 지원 시점 이전 3년과 지원 이후 3년의 매출액 성장률을 비교해보자. WC300 선정기업 중 지정철회된 기업은 분석에서 제외했다.

[그림 4-2]는 제조업의 기업 그룹별 성장률을 비교하여 보여준다. 고성장기업의 기준은 WC300의 신청 자격조건과 같이 지원 이전 5년간의 매출액 증가율을 기준으로 한다. WC300 선정기업은 매출액 기준을 충족하지 못해도 R&D 투자비율이 높은 경우 선정이 가능하다. 고성장기업과 WC300 선정기업의 지난 3년간의 성장률을 비교함으로써 WC300 선정기업의 선정 당시 성장률 특성이 변화하였는지 확인할 수 있다.

우선 [그림 4-2] 상단의 지난 3년간의 매출액 성장률을 비교하면 고성장기업과 WC300 선정기업의 자격조건을 고려하였을 때 여타 기업에 비해 매출액 성장률이 높게 나타나는 것은 당연하다고 할 수 있다. 하지만 WC300 선정기업의 지난 3년간 매출액 성장률은 시간이 지날수록 하락하여 상대적으로 매출액 성장률이 낮은 기업이 WC300에 선정되었다고 할 수 있다.

[그림 4-2] 하단에서 향후 3년간의 매출액 성장률을 보면 지난 5년간 고성장한 기업의 경우라도 향후 3년간의 성장률이 여타 기업과 별반 차이가 없다는 것을 알 수 있다. 이는 기업의 성장동학 특성이라고도 할 수 있는데, 지난 성장률만으로 향후 성장률을 예측하기 어려운 현상을 대변한다. 이러한 특성에 대한 이해는 선별적 기업지원사업에서 기업의 지난 매출액 성장률만을 조건으로 선별할 경우의 문제를 인식하게 한다.

그럼에도 WC300 선정기업의 경우 지원 이후 3년간의 매출액 성장률은 다른 기업에 비해 높게 나타났다. 이러한 결과는 WC300 지원의 효과일 수도 있지만 WC300 선정기업의 성장잠재력을 반영하는 특성 때문에 나타날 수도 있다. WC300 선정기업과 유사한 특성을 가진 기업을 비교하여 지원의 효과를 분석하는 방법과 결과를 다음 절에서 제시한다.

부록의 [부도 5]에 서비스업의 결과를 보고하였다. 서비스업의 경우 WC300 선정기업의 수가 많지 않고 선정되지 않은 해도 존재한다. 지원 초기에 해당하는 2011년부터 2013년 사이 WC300 선정기업의 지원 이전 3년과 지원 이후 3년 매출액 성장률이 고성장기업 및 여타 기업에 비해 낮게 나타났다.

지금까지는 매출액 성장률 기준을 충족하는 고성장기업과 매출액 성장

[그림 4-2] 제조업 고성장기업, **WC300** 선정기업 및 여타 기업의 매출액 성장률

(단위: 천명, %)

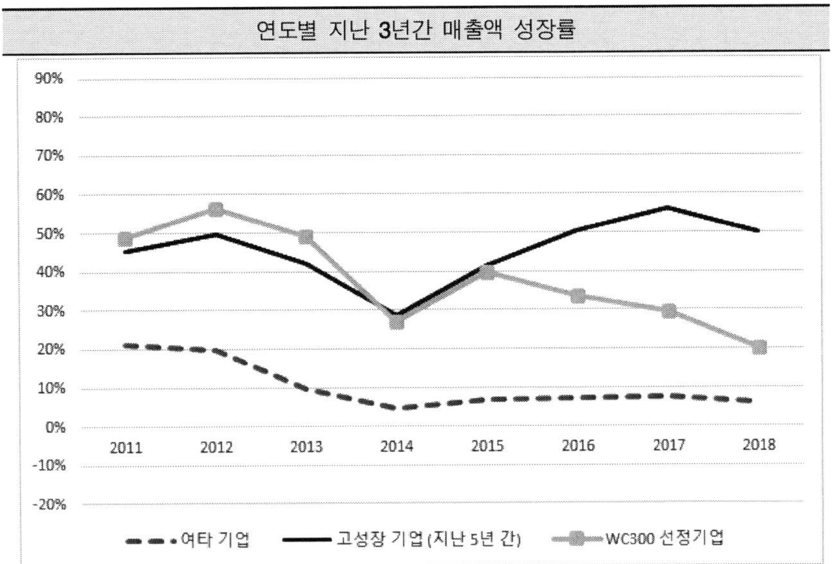

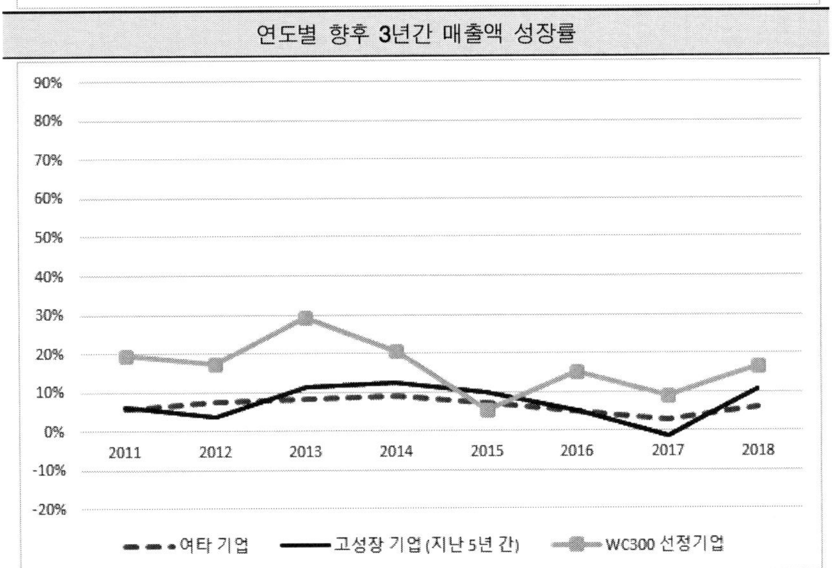

자료: 통계청, 「기업활동조사」(2011~18)와 한국산업기술진흥원, 「월드클래스300기업」 자료를 이용하여 저자 계산.

률을 비교하였다. 해당 기준 외에도 R&D 투자비율이 2% 이상인 기업도 신청 자격이 되므로 매출액 규모 기준을 충족시키면서 매출액 성장률 기준 또는 R&D 투자비율 기준을 충족시키는 기업을 비교대상으로 설정할 수 있다.

산업별로 WC300 신청 자격조건이 되는 기업과 WC300 선정기업의 매출액 성장률 분포를 그려 신청 자격조건이 되는 기업이 각 산업에서 얼마나 되는지와 해당 기업들의 성장률 분포에서 WC300 선정기업의 위치를 상대적으로 파악해보자.

[그림 4-3]과 [그림 4-4]는 각각 제조업과 서비스업에서의 결과를 2014년을 기준으로 보여준다. 가로축은 중분류 수준의 산업분류이고, 세로축은 기업의 매출액 성장률을 로그값으로 표현한 것이다. 그림의 네모는 WC300 선정기업, 동그라미는 지원 자격 충족 기업을 의미하며, 크기는 매출액 크기에 비례한다. 산업별로 동그라미가 많이 겹치는 산업은 자격 충족 기업이 그만큼 다수 존재한다는 것을 의미한다.

자격 충족 기업은 서비스업보다 제조업에서 다수 존재한다. 산업별로 기업의 매출액 성장률의 분포가 넓으며 산업별로 분산의 정도가 다른 것을 확인할 수 있다. 제조업의 경우 WC300 선정기업의 지정 이전 3년간의 매출액 성장률에 비해 지정 이후 3년간의 매출액 성장률 분포가 크게 나타난다. 지정 이후 3년간의 매출액 성장률이 높아진 기업들도 있지만 매출액 성장률이 낮아진 기업도 상당히 존재한다. 해당 그림으로 지원의 효과를 측정하기에는 한계가 있으며, 다음 절에서 계량경제학 방법론을 활용하여 사업의 효과를 분석해보자.

[그림 4-3] 제조업 WC300 선정기업 및 자격 충족 기업의 매출액 성장률

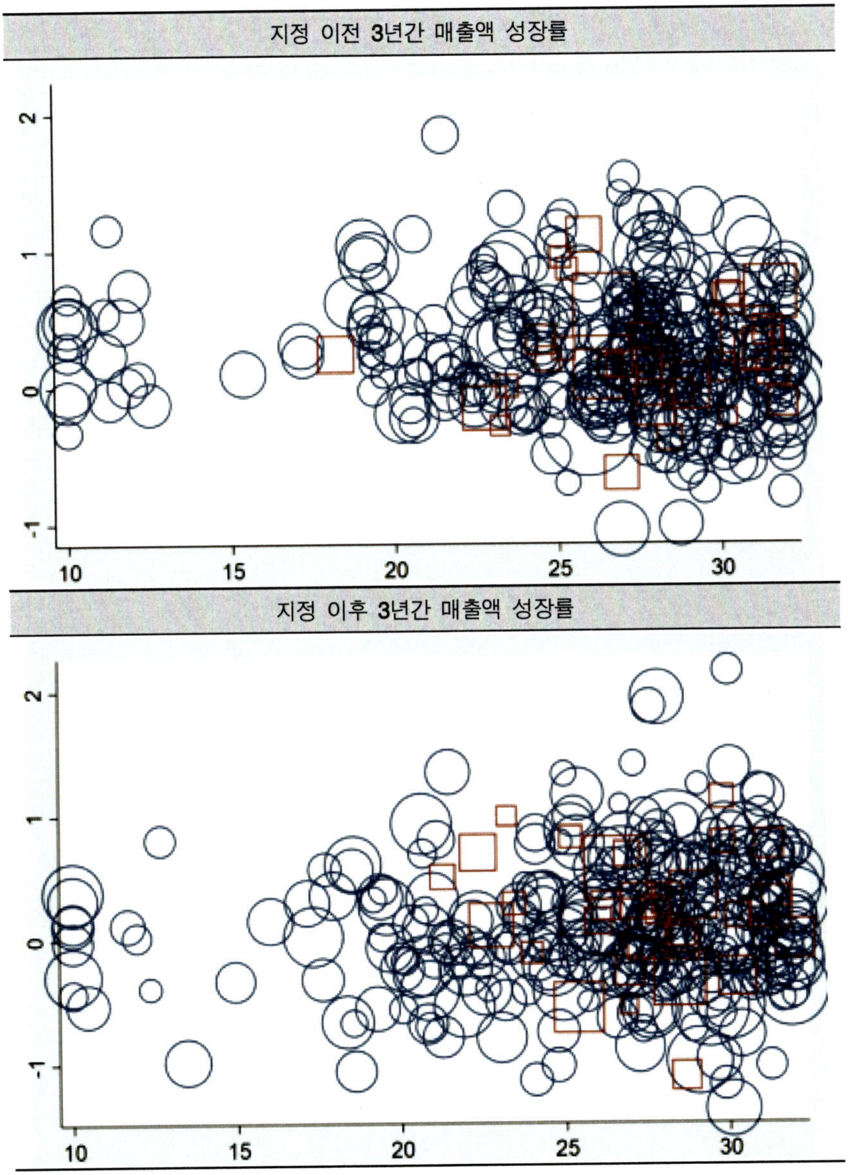

주: 1) 네모는 WC300 선정기업, 동그라미는 지원 자격 충족 기업을 의미.
2) 가로축은 산업분류, 세로축은 매출액 성장률의 로그값, 크기는 매출액 크기에 비례함.
3) WC300 선정기업 및 지원 자격은 2014년을 기준으로 함. 지정 이전 3년간의 매출액 성장률은 2011년부터 2013년 사이의 매출액 성장률을 의미함.

자료: 통계청, 「기업활동조사」(2011~18)와 한국산업기술진흥원, 「월드클래스300기업」 자료를 이용하여 저자 계산.

[그림 4-4] 서비스업 WC300 선정기업 및 자격 충족 기업의 매출액 성장률

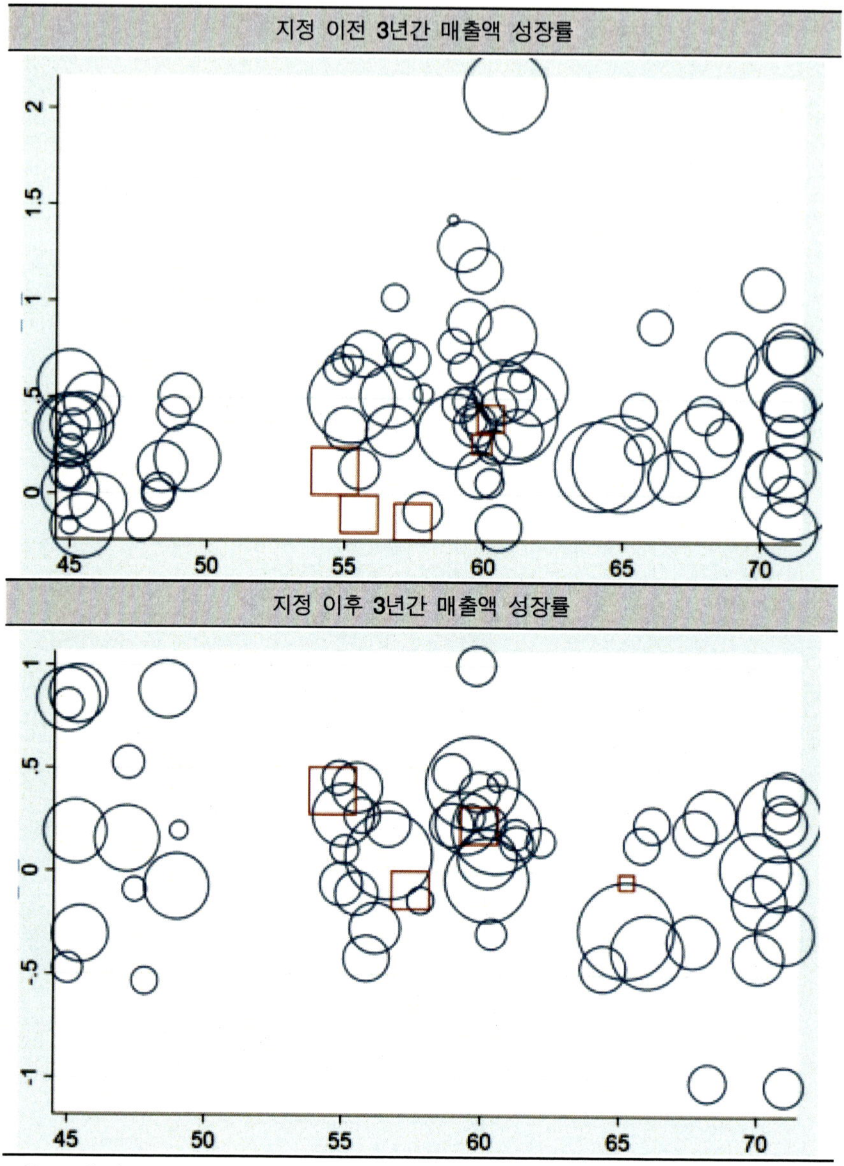

주: 1) 네모는 WC300 선정기업, 동그라미는 지원 자격 충족 기업을 의미.
2) 가로축은 산업분류, 세로축은 매출액 성장률의 로그값, 크기는 매출액 크기에 비례함.
3) WC300 선정기업 및 지원 자격은 2014년을 기준으로 함. 지정 이전 3년간의 매출액 성장률은 2011년부터 2013년 사이의 매출액 성장률을 의미함.

자료: 통계청, 「기업활동조사」(2011~18)와 한국산업기술진흥원, 「월드클래스300기업」 자료를 이용하여 저자 계산.

제2절 실증분석 방법

1. 합성이중차분법 적용

본 연구에서는 최근에 개발된 계량경제학 방법론인 강건형 이중차분법(Heterogeneity-robust Difference-in-Differences)을 적용하여 월드클래스300 사업의 효과성을 평가한다. 이중차분법(Difference-in-Differences: DiD)은 정책의 효과를 평가하는 데 가장 보편적인 연구방법론으로 활용되고 있다. 이중차분법 적용 시 표준적으로 두 기간(정책 적용 이전 및 이후)과 두 그룹(처치집단 및 비처치집단)으로 구분하고, 정책이 적용되지 않았을 경우 두 그룹 간의 결과가 평균적으로 평행한 추세를 따른다고 가정한다.

실제 대다수의 정책지원 사례는 표준적인 설정에서 벗어나 한 개 연도에 그치지 않고 2개 이상의 기간과 지원 시점이 적용되는 경우가 많으며, 본 연구의 대상인 월드클래스300 사업의 경우에도 2011년부터 사업 지원기업(수혜집단)이 매년 선정되는 구조를 고려하여 정책효과성을 분석할 필요가 있다.

표준적인 설정에서 벗어난 경우에 적용할 수 있는 방법론으로 최근 활발하게 연구되고 있는 강건형 이중차분법이 있는데, 이를 정부 기업 지원사업의 효과성 분석에 적용할 수 있다. 본 연구에서는 강건형 이중차분법 중 Arkhangelsky *et al.*(2021)이 제안한 합성이중차분법(Synthetic difference- in-differences)을 적용한다. 본 절에서 소개하는 방법론을 월드클래스300 이외의 기업지원사업의 효과성 분석에도 활용할 수 있다.

합성이중차분법은 정책의 인과효과를 분석하는 전통적인 방법인 이중차분법(difference-in-differences method)과 정책의 잠재적인 대상인 대조군에 가중치를 두어 합성대조군을 만드는 통제집단합성법(synthetic control method)의 장점을 결합한 방법론이다.

이중차분법은 정책이 적용된 처치집단과 정책이 적용되지 않은 대조집단 간의 정책 적용 이전 기간에서의 차이와 적용 이후 기간에서의 차이를 비교함으로써 정책의 인과효과를 추정하는 데 사용한다. 이중차분법에서는 처치집단과 대조집단 간 정책이 적용되기 이전 시점에서의 결과지표가 평행한 추세를 따른다는 가정(평행 추세 가정)이 중요하다. 통제집단합성법은 대조집단 중 여러 대상에 최적의 가중치를 부여하여 처치집단의 처치 이전 결과와 가장 유사한 결과를 보이는 합성대조군을 생성한다.[32] 정책효과는 정책 적용 이후 처치집단의 결과를 합성대조군의 결과와 비교하여 추정한다.

합성이중차분법은 이중차분법 적용 시 처치집단과 대조집단 간 비평행 추세로 인해 추정이 편향될 수 있는 상황에서 통제집단합성법과의 결합으로 정책효과를 보다 정확하고 강건하게 추정할 수 있다. 합성이중차분법은 처치집단의 처치 이전 시점 성과와 변동 추세가 유사한 합성대조군을 찾기 위해 대조집단 기업에 부여하는 가중치와 지원 이전 시점별 시점 가중치를 추정하며, 추정 시 개별 기업의 개체효과를 고려한다. 합성이중차분법은 처치집단의 수가 적거나 정책 시점이 동일하지 않은 상황에서 특히 유용하게 활용할 수 있다.

합성이중차분법의 추정방법론에 대한 자세한 이론적 설명은 Arkhangelsky *et al.*(2021)을 참고할 수 있으며, 여기서는 해당 연구에 따라 기본적인 아이디어를 소개한다. N개의 기업($i = 1,\ldots,N$)과 T기간 ($t = 1,\ldots,T$) 동안의 균형패널 데이터가 있다고 하자. 기업 중 N_T개의 기업(지원 수혜기업)에 T_{pre} 시점 이후로 정책지원이 이루어지고 나머지 $N_C(= N - N_T)$개의 기업(비수혜기업)은 정책지원을 받지 않았다고 가정할 수 있다.

우선 통제집단합성법의 방식과 유사하게 비수혜기업의 결과(Y_{it})에 부여하는 가중치($\hat{\omega}$)를 추정한다. 가중치는 다음과 같이 비수혜기업의 결과를 시점 $t = 1,\ldots,T_{pre}$ 각각에 대해서 지원 수혜기업의 지원 이전 시점에 대한 결과(성과) 추이와 평행하도록 하는 값이다.

32 Abadie *et al.*(2010) 참고.

$$\sum_{i=1}^{N_C} \hat{\omega}_i Y_{it} \approx \frac{1}{N_T} \sum_{i=N_C+1}^{N} Y_{it} \tag{1}$$

다음으로 비수혜기업에 대해서 지원 시점 이전 기간과 이후 기간의 결과에 대해 균형을 맞추는 시점별 가중치($\hat{\lambda}_t$)를 추정한다.

추정된 가중치를 이용하여 다음의 이원 고정효과 모형(two-way fixed effects regression)을 통해 이중차분법을 적용하여 정책지원 여부를 0, 1로 나타내는 이진변수(D_{it})에 대한 정책효과(γ)를 추정한다.[33]

$$(\hat{\gamma}, \hat{\mu}, \hat{\alpha}, \hat{\beta}) = \underset{\gamma, \mu, \alpha, \beta}{\arg\min} \left\{ \sum_{i=1}^{N} \sum_{t=1}^{T} (Y_{it} - \mu - \alpha_i - \beta_t - D_{it}\gamma)^2 \hat{\omega}_i \hat{\lambda}_t \right\} \tag{2}$$

본 연구에서는 합성이중차분법을 월드클래스300 사업(이하 WC300)에 적용하여 WC300 지원이 기업의 매출액에 미치는 효과를 추정한다. WC300은 2011년부터 2018년 사이에 연간 30개 내외의 기업을 선정하여 상대적으로 정책지원기업 수가 많지 않고 정책 시점이 동일하지 않은 특성이 있어 정책효과를 추정하기에 합성이중차분법이 적합하다. 연도별로 WC300에 선정된 기업 중 지정이 취소된 기업을 제외한 기업이 처치집단이 된다. 연도별 처치집단에 대응하는 대조집단은 통계청의 「기업활동조사」 자료에서 WC300의 지원 자격조건을 충족하는 기업으로 설정하였다.

WC300의 지원 자격조건은 기업규모 기준으로 매출액 4백억원 이상 1조원 미만(단, 시스템SW 개발공급업 등은 100억원 이상)이면서 최근 3년간 매출액 대비 R&D 투자비율이 평균 2% 이상이거나 최근 5년간 연평균 매출액 증가율이 15% 이상인 기업이다. 통계청의 「기업활동조사」 자료는 2006년부터 조사가 시작되어 (2023년 11월 기준) 가용한 2021년 자료까지 활용한다. 2011년부터 2018년 사이 산업 중분류 수준에서 WC300 지원 수혜기업이 없는 산업은 분석에서 제외하였다.

개별 수혜기업별로 Stata 명령어 sdid를 활용하여 합성이중차분법을 적

---

33 통상적인 이중차분법에서는 개별 관측치와 시점에 대한 가중치로 각각 1/N, 1/T가 부여되어 결과적으로 모든 관측치 (i,t)에 동일한 가중치 1/NT가 적용된다.

용하였다. 연도별로 WC300 지원 수혜기업이 처치기업이 되고, 해당 연도에 지원자격을 충족하는 비수혜기업이 통제집단 합성을 위한 대조집단이 되어 독립적인 분석표본이 구성된다. 따라서 개별 수혜기업별로 지원 시점 이전에 유사한 결과 추세를 나타내는 기업이 통제집단으로 합성된다.

합성이중차분법 적용 시에는 분석표본이 균형패널로 구성되어야 한다. 따라서 대조집단 기업 중 WC300 지원 수혜기업이 분석에 포함되는 기간보다 짧게 분석 표본에 존재하는 경우 분석에서 제외하였다. 분석 시 균형패널 조건이 되지 않거나 지원 이전 시점 자료가 존재하지 않는 등의 이유로 처치효과가 추정되지 않는 경우가 존재하였다.

WC300 선정으로 인한 전반적인 효과 추정치는 선정 연도를 기준으로 한 상대시점별로 유효한 개별 수혜기업의 처치효과 추정치를 단순평균한 수치로 구한다. 추정치의 신뢰구간은 다음과 같이 구한다. 우선, 부트스트래핑(bootstrapping)을 통해 개별 기업 i의 처치효과 추정치 $\hat{\gamma}_i$를 구한다. 이를 100번 반복하여 개별 기업 i에 대해 100개의 처치효과 추정치 $\hat{\gamma}_i^1, \hat{\gamma}_i^2, \ldots, \hat{\gamma}_i^{100}$를 구할 수 있다. 각 기업의 n번째 추정치를 이용하여 이를 평균한 수치를 다음과 같이 계산한다.

$$\widetilde{\gamma}^n = \sum_{i=1}^{N} \hat{\gamma}_i^n / N \tag{3}$$

이 평균 수치의 표준편차를 이용하여 신뢰구간을 구하였다. 하지만 신뢰구간을 구하는 이 방법이 옳다고 주장하기는 어렵다. 그 이유는 추정치에 대한 신뢰구간을 계산하기 위해서는 부트스트래핑으로 구한 추정치의 분산을 구해야 하는데, 이를 구하기 위해서는 N*100개 추정치의 조합 100^N개에 대한 합을 구해야 하는 문제가 생기기 때문이다. 위 방식은 n번째 추정치끼리의 평균을 구함으로써 추정치의 분산을 상당히 낮추는 효과가 발생하여 신뢰구간이 좁게 나타나는 결과로 이어진다.

본 분석 결과는 제3절에서 제시하며, 다음 소절의 성향점수 매칭 후 이중차분법을 적용한 결과와도 비교하여 제시한다.

2. 성향점수 매칭 후 이중차분법 적용

본 연구에서는 합성이중차분법을 주요 방법론으로 적용한 결과를 제시한다. 하지만 합성이중차분법은 정책이 미친 영향을 추정하고자 하는 성과변수에 대해서만 합성대조군을 형성하므로, 해당 성과변수 이외의 다른 다양한 측면의 성과를 분석하기 위해서는 각 성과변수에 대해 합성이중차분법을 새롭게 적용하여야 한다. 즉, 매출액에 대한 성과를 분석할 시에는 지원 이전 시점의 지원기업의 매출액과 유사한 추세를 보이는 합성대조군을 형성한다. 매출액 외에 수출액, 부가가치 혹은 생산성 등에 대한 성과를 분석하고 싶을 때에는 해당 성과변수에 대하여 지원 이전 시점에 유사한 추세를 보이는 합성대조군이 새롭게 합성되어야 한다. 이러한 이유로 각 성과에 미친 영향 분석에서 비교대상이 달라지게 되는 문제가 있다.

처치집단과 유사한 대조군을 선정하여 다양한 측면의 성과에 대해 같은 대조군과의 비교를 통해 분석할 수 있다. 이를 위해 보완적인 분석으로 성향점수 매칭(Propensity Score Matching) 방법론을 활용하여 지원기업과 유사한 특성을 가진 기업을 매칭하여 대조군으로 설정한다. 대조군 선정 시 WC300 사업 신청 자격조건인 매출액 규모를 만족하면서 매출액 성장률 또는 R&D 투자비율 기준에 부합하는 기업만을 대상으로 한다. 분석은 다음과 같이 진행하였다.

첫째, 관찰 가능한 기업의 특성을 선정한다. 해당 특성으로 지원 수혜의 확률이 결정된다는 가정이다. WC300 사업의 지원을 최초로 받은 연도 이전 연도의 특성을 이용하였다. t년도에 지원을 받았다면 $t-1$년도의 기업 업력, 매출액, 부가가치, 유형자산, 고용인 수, 연구개발비, 수출, 중분류 수준의 산업 더미변수와 함께 $t-4$년도의 매출액 또한 특성으로 고려하였다. 지난 3년의 매출액을 특성으로 포함하여 기업의 성장 추세를 고려하며, 앞의 합성이중차분법에서 지원 이전 시점의 매출액 추이와 유사한 기업으로 합성대조군을 선정한 취지와 부합하도록 하였다. 업력 이외의 변수는 로그값을 이용하였다.

둘째, 로짓(logit) 모형을 이용하여 기업의 특성과 WC300 선정 여부 정보를 이용하여 선정이 결정될 조건부 확률인 성향점수(Propensity Score)를 추정한다. 최근접 매칭(Nearest Neighbor Matching) 방법으로 추정된 성향점수가 가장 가까운 짝 하나를 찾아 1:1로 매칭하였다. 이미 대조군에 포함된 기업은 다시 포함시키지 않도록 하였다. 2011년부터 2018년까지 각 연도별로 WC300에 처음 선정된 기업을 처치기업으로 설정하고 WC300 신청 자격조건을 만족하는 비선정기업 중 짝을 찾았다.[34]

셋째, 처치기업과 매칭된 비선정기업(대조군)을 분석대상으로 설정하여 지원효과를 추정하였다. 성과변수로 기업의 매출액, 수출, 부가가치, 종사자 수, 유형자산, 연구개발비, 특허권 수, 생산성, 인당 노동비용, 해외 관계회사 수 및 투자금액을 고려하여 각 성과변수에 미친 영향을 실증분석한 결과를 제시한다. 다음의 선형회귀모형으로 최소자승법(Ordinary Least Squares)을 적용하여 지원효과를 추정하였다.

$$\Delta y_{it} \text{ or } \Delta y_{it+3} = \alpha + \beta \text{지원}_{it-1} + F_t + F_s + \epsilon_{it} \quad (4)$$

위 식에서 y_{it}는 기업의 성과지표에 로그를 취한 값이다. 종속변수 Δy_{it}는 성과지표의 연간 성장률로 $(y_{it} - y_{it-1})$이며, Δy_{it+3} 은 지원 이후 3년간 성장률로 $(y_{it+2} - y_{it-1})$이다. 이와 같이 종속변수를 성과변수의 차분으로 분석할 시 이중차분법(Difference-in-differences)을 적용하게 된다. 이를 통해 기업의 성과에 영향을 미칠 수 있는 관찰되지 않은 개별 기업의 고정효과(fixed effect)를 고려할 수 있다.

설명변수 지원_{it-1}은 $t-1$년도에 WC300에 처음으로 선정된 기업의 경우 1, 아닌 경우 0에 해당한다. F_t는 연도고정효과, F_s는 중분류 수준의 산업고정효과를 고려하는 연도와 산업 더미 벡터에 해당한다.

---

34 연도별로 모든 기업이 매칭되는 것은 아니며, 부록의 <부표 6>에 매칭된 WC300 수혜기업과 비수혜기업의 성향점수 추정에 쓰인 변수와 지원 이전 및 이후의 매출액 성장률을 비교하여 제시한다. <부표 6>은 2012년에 처음 수혜를 받은 기업과 매칭 기업의 특성을 보여주는데, 두 집단 간 특성의 차이가 <표 4-9>에서 제시된 WC300 수혜기업과 자격충족 기업 간의 특성 차이보다 작은 것을 알 수 있다. 지원 이전 성장률에서도 매칭된 WC300 수혜기업과 매칭 기업 간에 유의한 차이를 보이지 않았다.

제3절 분석 결과

WC300 사업의 지원효과를 합성이중차분법으로 추정한 결과를 보자. 지원 시점을 0으로 한 상대시점에 따라 선정기업과 비선정기업의 차이를 추정한 결과를 제시한다. 우선 전 산업에 대해 개별 선정기업의 처치효과를 평균한 결과는 [그림 4-5]와 같다.[35]

선정기업과 비선정기업 간에 선정 연도와 선정 1년 전 매출액의 차이는 보이지 않는다. 합성이중차분법의 적용으로 유사한 매출액을 보이는 비선정기업 대조군이 설정되었기 때문이다. 하지만 선정 연도 2년 전까지는 선정기업의 매출액이 합성된 비선정기업 대조군에 비해 약 10% 내외의 수준에서 낮은 것을 알 수 있다. 합성이중차분법은 지원 이전 시점에 대해 시점 가중치를 부여하는데, 해당 시점들에 가중치가 적게 부여되어 지원 이전 시점의 매출액 추이가 유사하지 않은 결과로 나타난 것으로 보인다. 부록의 [부도 7]에서 산업별로 개별 선정기업의 처치효과를 평균한 결과를 보면, 선정 이전 시점의 추이가 산업별로 다르게 나타난다. 많은 산업에서 선정 이전 시점의 선정기업과 비선정기업의 추이가 유사하나 의료, 광학기기 제조업, 기타 운송장비, 가구 제조업의 경우 선정기업의 매출액이 합성된 비선정기업에 비해 상당히 낮게 나타났다.

WC300 사업의 효과는 선정 이후의 수치로 추정한다. 선정 이후 2년간 매출액은 유의하게 성장하지 않았으나 선정 이후 3년 시점부터 매출액이 유의하게 성장한 것으로 나타났다. 선정 시점 대비 3년 이후 선정기업의 매출액이 상대적으로 약 5.5% 더 성장하였고, 5년 이후 시점에서는 약 11.7% 더 성장한 것으로 나타났다. 합성이중차분법을 통해 분석한 결과는 지원이 매출액에 미치는 영향이 지원 3년 이후 시점부터 긍정적으로 보인다. 하지만 추정치의 신뢰구간이 좁게 계산되는 방식으로 적용되어 실제

---

35 [부도 6]은 [그림 4-5]를 연장하여 모든 시점에 대한 결과를 보고한 것이다. 기업별로 추정된 결과를 평균하였기에 지원 시점에서 멀어질수록 추정치가 존재하는 기업의 수가 적어진다. 예를 들면 2018년 선정기업의 경우 2021년까지 3기의 추정치만 존재한다.

[그림 4-5] 월드클래스300 사업 효과 추정 결과

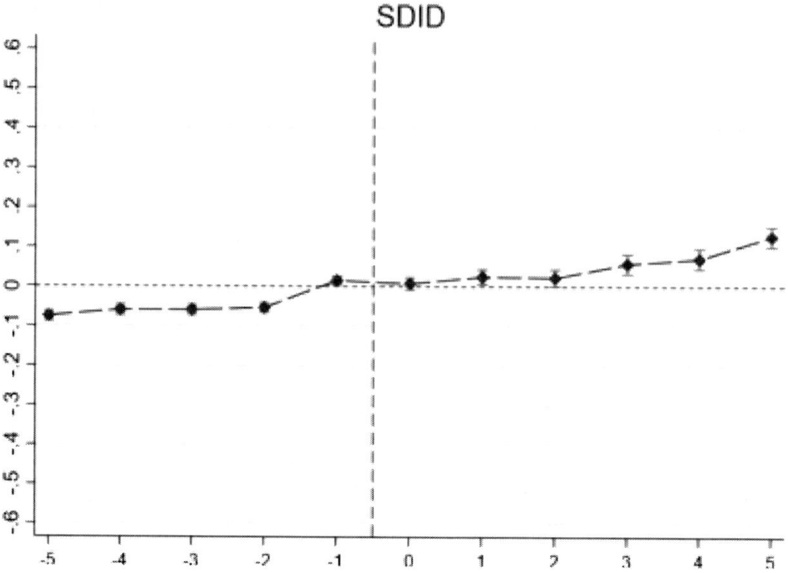

자료: 통계청, 「기업활동조사」(2006~21)와 한국산업기술진흥원, 「월드클래스300기업」 자료를 이용하여 저자 계산.

긍정적인 효과가 유의한지는 추가적인 검토가 필요하다.

합성이중차분법을 이용한 WC300 사업의 지원효과를 성향점수 매칭 후 이중차분법을 적용한 결과와 비교할 수 있다. 합성이중차분법은 선정 이전 시점의 매출액 추이와 유사한 합성대조군을 형성하지만 성향점수 매칭에서는 매출액 이외에도 다른 특성 정보를 이용하여 선정기업과 유사한 실제 기업을 매칭한다. 성향점수 매칭 후 이중차분법을 적용한 결과에서는 매출액 이외에 다른 성과지표에 대한 영향을 분석한다.

WC300 사업이 각 성과변수에 지원 1년, 3년, 5년 후에 미친 영향을 성향점수 매칭 후 이중차분법을 적용하여 추정한 결과를 <표 4-10>, <표 4-11>, <표 4-12>에 각각 나타냈다. 우선 매출액에 대한 추정치를 보자. 선정 이후 1년, 3년, 5년에 대한 추정치는 각각 4%, 7%, 9%로 점점 수치가 상승하는 것으로 나타났으나 모두 10% 유의수준에서도 유의하지 않았다. 방법론은 물론 비교대상도 다르기 때문에 합성이중차분법의 추정치와의 공정한 비교는 불가능하나 절대적인 수치를 비교하였을 때 합성이중차분법에서 추정된 수치보다 약간 작지만 추세가 매우 유사하게 나타났다. 이렇게 매출액에 대한 효과가 유의하지 않게 나타난 것은 추정치의 분산이 높기 때문이며, 이는 앞서 [그림 4-3]에서 WC300 선정기업의 선정 이후 3년간 매출액 성장률의 분산이 높게 나타난 현상과도 연관이 있을 수 있다. WC300 선정 이후 평균적으로 매출액이 높아졌지만 그렇지 않은 기업들도 다수 존재하여 지원의 효과가 유의하게 나타나지 않을 수 있다. 이러한 결과는 앞서 제시한 합성이중차분법 추정치의 신뢰구간이 정확하지 않을 수 있다는 논의와도 연결된다.

WC300 사업이 매출액 이외의 다른 측면에서 미친 영향을 살펴보자. 지원 1년 후 연구개발비와 특허권 수가 신뢰구간 5% 수준에서 유의하게 증가한 것을 볼 수 있다(표 4-10 참고). 이외 수출, 부가가치, 종사자 수 및 생산성, 해외 관계회사 수 및 해외 관계회사 투자에서는 유의한 영향이 나타나지 않았다. WC300 사업의 주요 수단이 R&D 프로젝트를 지원하는 것으로 이를 통해 연구개발비는 늘어났지만 다른 측면의 성과는 지원 1년 이후에는 나타나지 않은 것으로 이해할 수 있다.

<표 4-10> WC300 지원이 기업활동에 미치는 영향: 지원 1년 후 비교

	매출액	수출	부가가치	종사자 수	유형자산	연구 개발비	특허권 수
지원효과	0.04 (1.34)	0.15 (1.58)	0.03 (0.48)	0.02 (0.92)	-0.02 (-0.85)	0.20** (2.11)	0.11** (2.47)
관측치 수	357	324	357	357	357	353	341

	총요소 생산성	노동 생산성	인당 노동비용	해외 관계 회사 수	해외 관계 회사 투자	국내 관계 회사 수	국내 관계 회사 투자
지원효과	0.00 (-0.06)	0.01 (0.13)	-0.03 (-0.99)	0.01 (0.34)	-0.01 (-0.10)	-0.02 (-0.39)	-0.01 (-0.04)
관측치 수	357	357	357	246	229	177	162

주: 1) ( ) 안은 추정계수의 t-통계량이며, 모든 분석에서 산업과 연도 고정효과를 고려함.
2) ***는 1%, **는 5%, *는 10%의 유의수준에서 통계적으로 유의함을 의미함.

자료: 통계청, 「기업활동조사」(2007~21)와 한국산업기술진흥원, 「월드클래스300기업」 자료를 이용하여 저자 계산.

<표 4-11> WC300 지원이 기업활동에 미치는 영향: 지원 3년 후 비교

	매출액	수출	부가가치	종사자 수	유형자산	연구 개발비	특허권 수
지원효과	0.07 (1.61)	0.28** (2.16)	0.08 (0.90)	0.12*** (2.90)	0.08 (1.51)	0.19** (1.97)	0.18*** (2.84)
관측치 수	322	300	322	322	322	316	307

	총요소 생산성	노동 생산성	인당 노동비용	해외 관계 회사 수	해외 관계 회사 투자	국내 관계 회사 수	국내 관계 회사 투자
지원효과	-0.03 (-0.31)	-0.04 (-0.40)	-0.05 (-1.49)	0.05 (0.92)	-0.15 (-0.78)	-0.11 (-1.04)	-0.31 (-1.10)
관측치 수	322	322	322	215	196	151	132

주: 1) ( ) 안은 추정계수의 t-통계량이며, 모든 분석에서 산업과 연도 고정효과를 고려함.
2) ***는 1%, **는 5%, *는 10%의 유의수준에서 통계적으로 유의함을 의미함.
자료: 통계청, 「기업활동조사」(2007~21)와 한국산업기술진흥원, 「월드클래스300기업」 자료를 이용하여 저자 계산.

지원 3년 후에 미친 영향에 대한 추정 결과에서는 지원 1년 후의 결과와 유사하게 연구개발비와 특허권 수가 증가하였고, 이외에도 수출과 종사자 수가 유의하게 증가하였다(표 4-11 참고). 특허권 수는 혁신성과를 측정할 수 있는 한 가지 지표로 해당 성과가 유의하게 증가하였다는 결과는 기업의 기술자산이 증가한 것으로 이해할 수 있다. 또한 수출이 증가한 결과는 글로벌한 성장을 지원하는 사업의 목적에 부합하는 성과로 인정할 수 있다. 종사자 수가 증가한 결과는 WC300 사업이 일자리 창출에도 도움이 된 것으로 이해할 수 있다. 매출액, 부가가치, 유형자산의 경우 유사한 정도로 증가하였지만 유의하게 증가하지 못하였고, 총요소생산성과 노동생산성 또한 유의한 변화가 없었다.

생산성 지표와 인당 노동비용은 유의하진 않지만 오히려 감소하는 방향으로 나타났다. 생산성 지표는 기업의 경쟁력을 측정할 수 있는 주요한 지표이다. WC300 사업이 기업의 생산 혹은 사업 방식 혁신을 통해 경쟁력을 확보하는 방향으로 영향을 미치지 못했다고 이해할 수 있다. WC300 사업은 선정기업이 글로벌 기업으로 성장하는 것을 목표로 하는 스케일업(scale-up) 지원정책으로 이해할 수 있는데, 생산성 향상 없이 기

<표 4-12> WC300 지원이 기업활동에 미치는 영향: 지원 5년 후 비교

	매출액	수출	부가가치	종사자 수	유형자산	연구 개발비	특허권 수
지원효과	0.09 (1.44)	0.18 (1.22)	0.07 (0.55)	0.11* (1.87)	0.14 (1.50)	0.29* (1.76)	0.18* (1.96)
관측치 수	235	215	235	235	235	228	224

	총요소 생산성	노동 생산성	인당 노동비용	해외 관계 회사 수	해외 관계 회사 투자	국내 관계 회사 수	국내 관계 회사 투자
지원효과	-0.03 (-0.27)	-0.04 (-0.34)	-0.06 (-1.18)	0.17* (1.86)	0.24 (0.68)	-0.01 (-0.11)	0.56 (1.43)
관측치 수	235	235	235	161	148	110	96

주: 1) ( ) 안은 추정계수의 t-통계량이며, 모든 분석에서 산업과 연도 고정효과를 고려함.
2) ***는 1%, **는 5%, *는 10%의 유의수준에서 통계적으로 유의함을 의미함.
자료: 통계청, 「기업활동조사」(2007~21)와 한국산업기술진흥원, 「월드클래스300기업」 자료를 이용하여 저자 계산.

업이 생산과 투입요소에 대한 비용에 비례하여 늘어나는 방식으로는 글로벌 시장에서 빠르게 성장하기 어렵다. 또한 기업의 해외 관계회사에 투자하는 금액도 증가하지 않아 적극적인 투자를 통한 해외 진출이 이루어지지 않은 것으로 보인다.

지원 5년 이후의 성과는 앞서 3년 이후의 결과와 유사하지만 수출에 미치는 영향의 효과는 줄어들어 유의하지 않게 바뀌었고 종사자 수를 증가시킨 영향 또한 유의성이 작아졌다(표 4-12 참고). WC300 사업의 경우 지원이 5년간 지속되기 때문에 지원 5년 이후의 성과가 더 유의하게 나타나지 않은 결과는 초기 3~4년간 실제 R&D 자금이 유입되었을 시기에만 효과를 잠시 보이는 것으로도 이해할 수 있다.

본 절에서는 WC300 지원이 매출액을 포함한 기업활동의 다양한 측면에 미친 영향을 분석하였다. 사업의 성과는 사업의 목표와 연계하여 측정되어야 한다. 사업의 목표 설정과 관련하여 WC300 기업은 월드클래스 사업 대상을 의미하는지 사업의 목표를 의미하는지 명확하지 않다. WC300 사업으로 지원이 되었다는 이유로 해당 기업을 월드클래스에 있다고 하기 어렵다. 월드클래스 기업으로 성장시키는 것이 목적이라면 달성하고자 하는 월드클래스에 대한 정의부터 명확해야 한다. 앞서 보았듯 월드클래스300 홈페이지에서는 월드클래스300 기업을 기업 스스로 성장역량을 강화하고 혁신을 통해 시장지배력을 확대하는 기업으로 정의하고 있어, 모든 말이 추상적이고 해당 기업을 명확히 구분하기 어려운 것을 알 수 있다. 또한 스스로 성장역량을 강화하는 기업에 대규모의 정부지원이 이루어져야 하는 모순도 발생한다.

그럼에도 WC300 사업에 주어진 목표와 연계하여 '혁신을 통한 시장지배력 확대(세계시장에서의 시장점유율 확대)' 측면에서 성과를 논의해보자. 연구개발비 투입과 특허 수가 증가한 결과는 혁신의 성과로 볼 수 있으며, 수출이 증가한 결과는 글로벌 성장을 지원하는 사업의 목적과 부합하는 긍정적인 성과로 볼 수 있다. 하지만 '스스로 성장역량을 강화'하는 측면에서 보면 경쟁력 측정의 주요 지표인 생산성에서 개선이 나타나지 않았으며, 매출액, 부가가치, 유형자산 또한 일정 정도의 증가를 보였으나 유의미한 변화가 나타나지 않은 결과를 보인다.

WC300 사업은 혁신적인 중소기업을 국제시장에서 영향력을 가진 규모의 기업으로 성장하도록 지원하는 스케일업 사업에 해당하기에 생산성과 기업규모의 성장이 유의하게 나타나지 않은 결과는 지원의 실효성이 높지 않음을 의미한다고 볼 수 있다. 소수 기업에 집중하여 상당한 자원을 직접 보조하는 방식의 지원이 국가 챔피언 기업으로의 성장을 이끌어내지 못한 결과는 기업 선별과 지원 방식의 변화가 필요함을 시사한다.

자료의 한계로 히든챔피언 기업으로의 성장 여부를 직접 측정하지 못하였다.[36] 기업 선정 시 기업이 생산하는 제품과 개발하려는 제품에 대한 정보와 함께 관련한 시장에서 해당 기업의 입지 정보, 지원 이후 해당 시장에서의 성장 정도를 성과로 관리하였다면 보다 사업 목적에 부합하면서도 해당 방향으로 기업의 활동을 유도하는 데 도움이 되었을 것이다.

---

36 WC300 사업 이외의 다른 사업 지원 정보를 활용하고 있지 않기에 분석에서 다른 다양한 지원사업의 영향이 통제되지 못하고 있다는 것을 또 다른 한계로 들 수 있다. WC300 사업 수혜기업이 비수혜기업에 비해 타 지원사업의 수혜를 받는 경우가 더 많다면 WC300 사업의 효과가 과대추정될 가능성이 있고, 반대로 더 적다면 과소추정될 수 있다.

제5장

선별적 산업정책 개선방안

본 연구에서는 선별적 산업정책을 산업정책의 개념적 틀 안에서 이해하고 선별적 산업정책이라는 수단이 정책목적 달성에 효과적이기 위한 조건을 논의하였다. 우리나라에서 시행되고 있는 다양한 선별적 기업지원정책 현황을 제시하고, 대표적인 사업으로 월드클래스300 사업을 선정하여 해당 사업이 설계된 방식을 살펴보고 지원효과를 분석하였다. 본 장에서는 분석 결과를 바탕으로 국가 챔피언 기업 육성정책의 개선방안을 논의하도록 하자. WC300 사업과 유사한 선별적 산업정책을 시행하고 있는 해외 사례를 소개하여 사업 운영방식에서의 시사점을 논의하고, 선별적 산업정책의 효과성을 제고할 수 있는 개선방안을 제시한다.

제1절 해외의 선별적 산업정책의 사례와 시사점

정책의 효과성은 정책의 설계 및 운영 방식에 달려있는바, 해외 사례 분석을 통해 효율적인 정책 설계를 위한 시사점을 논의해보자. 본 절에서 소개하는 해외의 선별적 산업정책은 유럽혁신협의회(European Innovation Council)의 EIC Scale Up 100과 EIC Accelerator, 그리고 영국의 Innovate UK Scaleup Programme이다. 해당 사업들은 WC300 사업과 유사하게 국가 챔피언 기업 육성정책 혹은 스케일업 지원정책에 해당한다. 세 가지 사업의 설계 및 지원 방식에서 다음과 같은 시사점을 도출하였다.

1. 목표와 일치하는 기업 선별을 위한 적절한 조건 설정

EU는 100개 딥테크(deep tech) 회사를 선별하여 글로벌 기술 챔피언이 되도록 지원하는 EIC Scaling Club 100 정책을 2023년 6월 1일에 발표하였다.[37] 해당 정책 사례를 통해 정책의 목표와 목표에 일치하는 기업 선별을 위한 조건 및 지원수단을 어떻게 설정하였는지 살펴보자.

<**목표 설정**> EIC Scaling Club 100(이하 Scaling Club)은 유니콘(10억 유로 초과)이 될 가능성이 있는 유럽의 유망 딥테크 기업 100개를 식별하고 홍보 및 지원하여 선별기업의 기업 가치, 신규 투자, 파트너십 및 일자리에서 연간 40% 성장(상위 20개 기업의 경우 50%)하는 것을 목표로 설정하였다. 딥테크는 해당 분야를 크게 발전시키고 세계에 영향을 미칠 수 있는 영향력을 가진 혁신적인 기술이며 높은 수준의 복잡성 및 난이도를 가지고 있어 개발 실패의 위험이 크고 일반적으로 상당하고 지속적인 자금을 필요로 한다. 이러한 성공의 불확실성 및 장기적 투자 필요성 등이 정부지원이 필요하다는 근거가 된다. 딥테크 산업 및 시장으로는 항공우주산업, 농업, 에너지, 전자공학, 로봇공학, 의약품업, 의료기기, 화학, 운송, 신소재, 건설업 등이 있다.

<**지원수단**> Scaling Club은 딥테크 기술 및 산업의 경쟁력을 이끌 수 있는 기업을 선별하여 구성원 간 인적 네트워크 형성, 코칭, 지식 및 기술 교류, 신규 투자 유치 등을 통해 참여기업의 성장을 유도하는 방식으로 기업을 지원한다(BOX 5-1 참고). 지원의 주요 수단은 네트워크 형성, 전문가 컨설팅이며, 직접 자금지원이 아닌 민간의 투자를 적극적으로

---

37 EIC News Article, 2023. 6. 1(https://eic.ec.europa.eu/news/scaling-european-innovation-council-launch-new-initiative-support-europes-future-deep-tech-champions-2023-06-01_en, 최종접속일: 2023. 11. 30).

BOX 5-1. EIC Scaling Club

□ 사업 개요
- ○ 100개 이상의 딥테크 기업을 선별하고 투자자, 기업 혁신가 및 기타 업계 이해관계자가 함께 모여 성장을 촉진하는 네트워크 제공

□ 목표
- ○ 유니콘(10억유로 초과)이 될 가능성이 있는 유럽의 유망 딥테크 기업 100개를 식별, 홍보 및 지원
  - 2년간의 지원기간 동안 참여기업은 기업 가치, 신규 투자, 파트너십 및 일자리 측면에서 연간 40% 성장(상위 20개 기업의 경우 50%)할 것으로 예상
  - 디지털, 환경, 건강 등의 영역에서 사회적 요구와 기회에 대응

□ 기업 지원방식
- ○ 딥테크 기업, 혁신가, 멘토, 투자자, 학계, 정부기관 등 다양한 역할을 수행하는 400개 이상의 전문가 그룹으로 클럽 협의회인 Scaling Club을 형성하여 기업 전략, 투자자 접근, 해외 진출 등에 대해 멘토링 지원 및 파트너 매칭
  - 벤처캐피털, 성장자금 등 가장 활동적인 100개 투자자
  - 혁신, 벤처, 개발과의 관련성이 가장 높은 100개 기업
  - 스케일업 경험 및 관계가 있는 100명의 전문가(멘토)
  - 스케일업을 지원하는 50개 기관과 50개 클러스터 및 미디어
- ○ 로드쇼 등을 통한 자금조달, 새로운 파트너십 및 인재 채용 촉진

□ 지원 자격
- ○ 500만유로 이상의 투자를 유치한 적이 있으며, 제품을 시장에 출시하려는 딥테크 기업
- ○ 세부 분야에서 10개 이상의 기업이 그룹을 이루어 시너지 효과를 낼 수 있도록 적극적인 참여가 가능한 기업

□ 기업 선별 방법
- ○ 심사위원회: 민간투자자, 기업, 멘토 및 해당 분야 전문가로 구성
- ○ 1단계(서류심사) 선발 기준
  - 근본적인 과제를 해결하고 강력한 기술적 지적재산권을 활용하는 딥테크 혁신 가능성 유무
  - Scale-Up 판단 기준: 검증된 제품이 곧 출시될 예정이거나, 초기 임상시험을 시작
  - 해외시장 진출 및 사업 확장 계획
  - 유치한 자본금과 보조금 총액이 5백만유로 이상
  - (유럽 프로그램의 경우) 다양성 및 지리적으로 균형 잡힌 선택, 다양한 유럽 국가의 기업들을 포함하여 선택
- ○ 2단계(PT) 선발 기준
  - 프로그램 참여에 대한 적극적인 의지(피드백에 대한 개방성, 협업 의사 등)
  - 해당 기업이 프로그램 참여를 통해 받을 수 있는 혜택
  - 투자의 중복 수혜 가능성 여부

□ 성과 측정 방법
- ○ 직접 영향
  - 참여기업의 만족도, 참여 수준(예: 기업 CEO가 프로그램 참여에 투자한 시간), 참여자 수, 프로그램 내용을 기업의 커뮤니케이션에 재사용하는 비율 등
- ○ 간접 영향
  - 진행 과정에서 기업들이 조달한 자본 또는 부채의 총액, 참여기업들이 체결한 협력 파트너십 수, 자금조달로 인해 창출된 일자리 수

자료: EIC Scalingclub(https://eicscalingclub.eu/theprogramme, 최종접속일: 2023. 11. 30).

유치하는 방식으로 설계되었다.

흥미로운 점은 사업 운영을 민간이 주도한다는 것이다. 기업가, 투자자를 연결하는 투자자 중심의 민간 커뮤니티인 TechTour가 주도하고 Bpifrance(EuroQuity), Hello Tomorrow, Tech.eu(Webrazzi), EurA, IESE Business School이 파트너로 컨소시엄을 이루어 EIC Scaling Club을 운영한다. EIC는 운영자금을 지원하며, EIC Work Programme 2022하에서 공개 모집을 통해 민간 파트너를 선정하였다.[38]

<지원 자격> 지원 자격조건을 500만유로 이상의 투자를 유치한 적이 있으며, 제품을 시장에 출시하려는 딥테크 기업으로 한정하였다. 이는 실제 상당한 규모의 민간투자가 이루어진 기업을 대상으로 하여, 민간에서 기업의 성장 가능성을 검증한 기업으로 하면서 단순 기술개발이 아닌 제품을 상업화하려는 기업을 지원하고자 하는 목적을 분명히 한 것이다. 또한 정부의 지원이 단순한 금액지원 이후 종료되는 것이 아니라 세부 분야에서 10개 이상의 기업이 그룹을 이루어 시너지 효과를 낼 수 있도록 적극적인 참여가 가능한 기업을 조건으로 하였다.

<선별방식> 기업을 선별할 때 심사위원회가 민간투자자, 기업, 멘토 및 해당 분야 전문가로 구성되어 관련 기술 및 시장에 대한 이해가 높은 민간의 전문가가 심사하도록 하였다. 1단계 서류 심사에서는 혁신 가능성과 현 제품 및 기술의 개발 정도를 심사하고, 2단계 발표 심사를 통해

38 EIC Work Programme 2022(https://eic.ec.europa.eu/eic-work-programme-2022_en, 최종접속일: 2023.11.30.)

서는 네트워크에의 참여 의지와 해당 기업이 프로그램 참여를 통해 받을 수 있는 혜택을 고려한다.

EIC Scaling Club 100은 딥테크 기업 중 유니콘이 될 가능성이 높은 기업을 매우 선별적으로 지원하는 사업이며, 유럽에서는 해당 사업 이외에도 혁신적인 스타트업 및 중소기업을 지원하는 EIC Accelerator 프로그램도 운영 중이다.

EIC Accelerator는 유럽 및 전 세계에서 새로운 시장을 창출하거나 기존 시장을 뒤흔들 수 있는 혁신적이고 판도를 바꾸는 제품, 서비스 또는 비즈니스 모델을 보유한 스타트업 및 중소기업을 지원하는 자금지원 프로그램이다(BOX 5-2 참고). 사업을 확장하겠다는 의지가 있으며 상당한 자금을 찾고 있지만, 이를 위해 상당한 자금이 필요하나 개인투자자가 단독으로 투자하기에는 관련 위험이 너무 큰 경우 자금을 지원하는 기능을 한다.

지원수단으로 보조금(Grant)과 직접투자 방식이 있는데, 기술 성숙도(Technology Readiness Level: TRL)와 기업규모에 따라 지원수단을 달리 적용한다.[39] 보조금은 시제품 평가 완료 단계(TRL 5)에서 시제품 인증 및 표준화(TRL 8)에 해당하는 경우에 한정되어 지급될 수 있다. 보조금 지원 종료 이후 사업화 단계(TRL 9)에 도달하는 데 필요한 자금은 지분 투자 방식으로 지원된다. 즉, 시제품이 인증된 단계에서도 추가로 자금이 필요한 기업은 보조금을 받을 수 없고 지분 투자를 통해 자금을 조달하는 방식으로 설계하였다. 또한 중소기업이 아닌 중견기업 중 직원 수가 499명 이하인 기업 중 신속한 스케일업을 위한 자금이 필요한 경우에도 보조금 방식은 허용되지 않고 지분 투자를 받는 방식으로 자금을 조달할 수 있게 하였다. 기업규모가 있고 제품개발이 상당히 이루어진 상태에서의 보조금 방식의 자금지원은 그 필요성이나 지원의 효과성이 떨어질 수 있다는 판단에 기인한 것으로, 지원수단을 한정하는 방식을 통해 조건성

39 TRL(Technology Readiness Level)이란 기술성숙도를 뜻한다. TRL 5는 시제품 평가 완료, TRL 8은 시제품 인증 및 표준화, TRL 9는 사업화 단계이다.

BOX 5-2. EIC Accelerator

□ 사업 개요

- ○ 새로운 시장을 창출하거나 기존 시장을 혁신하기 위해 스타트업과 중소기업에 자금을 지원하는 프로그램

□ 지원대상

- ○ 스타트업 및 중소기업, 중소기업을 창업하려는 개인 및 중소기업
- ○ 새로운 시장을 창출하거나 기존 시장을 뒤흔들 수 있는 혁신적이고 판도를 바꾸는 제품, 서비스 또는 비즈니스 모델을 보유하고 있으며,
- ○ 사업규모를 확대하려는 의지를 가지고, 이를 위해 상당한 자금이 필요하나 개인투자자가 단독으로 투자하기에는 리스크가 큰 경우

□ 지원 자격

- ○ 단일 창업 또는 중소기업
- ○ 상용화에 임박하고, 빠른 확장이 필요한 중견기업(직원 499명 미만)
- ○ 중소기업이나 중견기업을 설립하고자 하는 자연인 또는 법인

□ 기업 지원방식

- ○ 지원규모: 기업당 최대 250만유로의 보조금, 최대 1,500만유로의 지분 투자, 코칭 및 멘토링, 네트워킹
- ○ 보조금(Grant): 최대 250만유로, 혁신활동에 해당(TRL 5~8)하며 프로젝트는 24개월 이내에 완료되어야 함.
  - 프로젝트 종료 시 TRL 8에 도달하고 EIC의 지원 없이 추가 개발을 계속할 예정인 기업의 경우 보조금만 지원
  - 프로젝트 종료 시 TRL 8에 도달한 기업들에 대해 보조금을 먼저 지원한 후, TRL 9에 도달하기 위해 희석적 자본을 지원할 수 있음.
- ○ 직접투자: 최대 1,500만유로까지 제공되며, TRL 9 수준에 해당함.
  - 혼합자금: 혁신활동(TRL 5~8)을 위한 지분 희석 없는 보조금과 시장 확대(TRL 9)를 위한 희석적 자본의 조합
  - 중견기업 및 보조금을 지원받은 기업은 투자만 지원함.
- ○ 광범위한 지원: 다양한 Buisiness Acc. Serveice 제공
  - 글로벌 파트너
  - 코칭, 멘토, 전문지식 및 교육
  - 혁신 생태계 동료
- ○ 특히 EIC 핵심과제[1)]에 부합하는 프로젝트의 경우 지원금이 더 큼.

□ 기업 선별 방법

- ○ 신청 절차의 간소화
  1. 짧은 제안서 작성
  2. 1단계를 통과한 기업의 경우 전체 제안서 제출
  3. 2단계 통과 후 EIC 심사위원과의 대면 인터뷰

주: 1) EIC Accelerator의 핵심과제 목록은 다음을 참고.
https://eic.ec.europa.eu/eic-funding-opportunities/eic-accelerator/eic-accelerator-challenges_en

자료: EIC Accelerator(https://eic.ec.europa.eu/eic-funding-opportunities/eic-accelerator_en, 최종 접속일: 2023. 11. 30).

을 부여하고 있다.

EIC Accelerator의 경우 특정 시기와 마감 기한에 상관없이 언제든 신청할 수 있으며, 신청 절차가 복잡하지 않다.[40] 1단계에서는 제안 요약과 함께 혁신내용, 팀 구성, 잠재시장에 대한 공통된 질문에 답을 하는 5페이지의 짧은 제안서, 최대 10개 슬라이드의 피치덱(Pitch deck)과 팀의 핵심구성원(최대 3명)이 제안 동기를 설명하는 최대 3분의 비디오 피치를 작성하여 제출하면 된다. 일반적으로 4주 이내에 피드백을 받는다. 짧은 제안서가 통과된 경우 2단계로 자세한 제안서를 통해 관련된 정보를 제공하고, 필요한 자금 유형을 정의하고, 새로운 피치덱을 정해진 기한까지 제출해야 한다. 2단계가 통과되면 EIC 심사위원단의 대면인터뷰가 진행된다.

1, 2단계에서는 제안과 관련된 전문성이 있는 독립된 전문 심사단이 선정되어 심사하며, 대면인터뷰에서는 EIC 심사위원단 중 최소 4명에서 최대 6명이 선정되어 심사한다. EIC 심사위원단은 혁신 기업가 및 스케일업 경험이 있는 기업가, 투자자(은행, 엔젤 및 벤처 캐피털리스트, 크라우드 펀더 등), 혁신 관련 전문가(학계, 혁신허브, 엑셀러레이터 등)로 구성되며 위원단 리스트가 공개된다.

2. 기업 수요 맞춤형 지원

본 장에서 소개하는 해외의 기업지원사업 사례에서 공통적으로 찾을 수 있었던 점은 정책의 수요자인 기업의 입장에서 필요한 서비스를 제공하는 방식으로 사업이 운영된다는 것이다.

스케일업 기업은 기술개발 과정, 해외진출 과정, 생산혁신 과정 등 다양한 과정에서 어려움에 직면할 수 있으며, 특정 단계에 대한 금전적인 지원이 이러한 어려움을 해결하는 데 큰 도움이 되지 않을 수 있다. 개별 기업이 가진 어려운 상황에 적극적으로 대처할 수 있는 자원 및 노하우

---

40 EIC Accelerator Guide for Applicants(2023).

를 연결해주는 것이 효과적인 지원방식이 될 수 있다. 앞서 소개한 EIC Scaling Club 100의 경우 주요 지원수단을 멘토, 투자자, 정부기관 등 다양한 전문가 그룹이 협의회를 이루어 기업전략, 자금조달 및 해외진출 등에 대해 관련 파트너를 찾아 멘토링을 지원하는 것으로 설정하였다. 기업 수요에 맞는 정보 혹은 자원을 관련 민간투자자 혹은 전문가를 연결하여 효과적으로 지원하는 방식이라 할 수 있다.

EIC Scaling Club 100과 EIC Accelerator 프로그램 모두 연구 및 혁신을 위한 EU의 주요 자금지원 프로그램인 Horizon Europe을 통해 지원된다. EIC의 자금지원을 받는 기업가 및 연구원은 자금지원뿐만 아니라 모든 사업 및 연구 단계에서 맞춤형 EIC Business Acceleration Services(BAS)를 지원받을 수 있다. BAS는 멘토링 및 자문 관련 EIC Coaching Programme, EIC Women Leadership Programme, EIC Tech to Market Programme을 통해 혁신 단계에 맞게 전문가를 통해 맞춤형 코칭, 멘토링, 전문 지식 및 교육의 혜택을 제공한다.[41]

BAS는 기업 맞춤형 자문 이외에도 EIC 기업지원사업 신청과정에 자문을 제공하기도 한다. 예를 들면, EIC Accelerator 프로그램의 제안서 준비에 자문을 제공하는데, 1단계의 짧은 제안서가 통과된 지원자는 2단계의 제안서 준비에 대한 지원을 받을 수 있으며, 제안서 작성을 위해 3일간의 (원격) 코칭을 이용할 수 있다.

정부지원사업의 신청 및 준비 과정이 어려운 경우 혁신가 혹은 기업에 큰 부담이 될 수 있으며, 우리나라에서는 이를 대신하여 제안서를 작성해주는 컨설팅 업체가 있을 정도이다. 기업이 필요한 정부지원에 어렵지 않게 접근할 수 있도록 지원과정에서 자문을 직접 제공하는 사례를 참고할 수 있다. 이는 지원장벽을 낮추고 보다 공정한 경쟁이 이루어질 수 있게 환경을 조성하는 데 도움이 된다.

기업 수요에 맞는 지원을 하는 선별적 스케일업 지원 사례로 Innovate UK Scaleup Programme을 소개한다(BOX 5-3 참고). Innovate UK Scaleup

---

41 https://eic.ec.europa.eu/eic-funding-opportunities/business-acceleration-services_en, 최종접속일: 2023. 11. 30.

BOX 5-3. Innovate UK Scaleup Programme
□ 목표 ○ 잠재력 높은 기업이 스케일업할 수 있도록 지원 □ 기업 지원방식 ○ 지원기간은 최대 12개월 ○ 선정 후 Scaleup Director가 배정되어 1:1 맞춤형 자문 및 자금지원 - 미래시장에 대한 접근성 제고, 자원 접근성 강화, 성장자본 유치 등을 포함하며, 반드시 이에 국한되지는 않음. - 금융, M&A, 해외시장 진출, IP, 공급망, 리더십, 인재관리와 같은 영역의 전반에 걸쳐 자문 및 네트워크 제공 ○ Scaleup programme 졸업 후에는 Scaleup programme alumni community에 참가할 수 있음. - 전문가 강연, 공통 주제에 대한 토론, 네트워크 형성 □ 지원 자격 ○ 매출액 성장률(CAGR)이 50% 이상이거나, 실현 가능한 기업 ○ 혁신 및 해외 시장 진출 의지가 있는 기업 □ 지원대상 선발 방법 ○ 서류 제출 ○ Scaleup Board가 적격성 평가 후 현장 방문 ○ Scaleup Director는 자세한 평가서를 작성하여 이사회에 보고, 최종 평가

자료: UK Scaleup(https://www.innovateukedge.ukri.org/Scale-with-us#, 최종접속일: 2023. 11. 30).

Programme의 핵심목표는 기존 시장을 뒤흔들 수 있는 혁신 또는 비즈니스 모델을 보유하고 있으며, 매우 혁신적이고 고성장을 지향하는 기업을 지원하는 것이다. R&D 집약적이고 지식자본이 풍부한 기업이 스케일업에 성공하기 위해서는 스케일업의 제안, 시장 및 비전에 대한 깊은 이해를 바탕으로 한 정밀한 맞춤형 지원이 필요하다고 인식했다. 이에 따라 맞춤형 수행 모델(A tailored delivery model)로 선별된 기업에 다음과 같은 지원을 제공하도록 설계하였다.

1. 1:1 맞춤형 멘토링 지원
2. 기업이 직면한 스케일업 과정에서의 과제에 중점을 둔 맞춤형 지원
3. 전담 계정 관리자가 프로그램 과정에서 지원 및 필요 자원 연결
4. 비즈니스 스케일업에 직접적인 경험이 있고 고도로 숙련된 전문가

로 이루어진 Scaleup 수행 이사회(Delivery board)로부터의 맞춤형 자문

프로그램에서 20명 이상의 스케일업 디렉터(Scaleup director)가 Scaleup 수행 이사회(Delivery board)를 구성하며 핵심적인 역할을 수행한다. 이들은 경험을 바탕으로 기업들이 확장 기회를 활용하는 데 자원을 최적화하는 방법을 함께 고려한다.

기업 선정과정에서도 이사회가 역할을 한다. 이사회가 혁신, 지속 가능성, 확장 가능성, 시장 위치 및 잠재력의 네 가지 분야에 초점을 맞추어 기업들을 평가한다. 이사회가 프로그램이 기업에 도움이 될 것으로 판단하면, 최종 선정 전에 스케일업 디렉터 두 명이 현장 방문을 하고 Scaleup 수행 이사회에 보고서를 제출한 이후 최종 선정 결정이 이루어진다.

현장 방문 후에 스케일업 디렉터들은 스케일업 기업들이 가장 큰 도전과 기회를 해결하는 데 필요한 자원을 최적으로 적용하는 방법을 파악할 수 있다. 선별된 기업은 해당 기업을 전담하는 스케일업 디렉터(Scaleup director)와 협력하여 사업 확장(스케일업)에 대한 주요 장벽을 식별하고 이를 극복할 수 있는 맞춤형 실행계획(Bespoke Action Plan)에 동의하고 실행하게 된다. Scaleup programme 졸업 후에는 Scaleup programme alumni community에 참가하여 네트워킹할 기회가 있다.

또한 별도의 Scaleup 감독위원회(oversight board)가 존재하여 프로그램의 개발을 돕는다. 감독위원회는 런던증권거래소, British Business Bank, BGF 및 성공적인 성장 경험이 있는 기업가들을 포함한다.

Innovate UK Scaleup programme은 기업 선정과정부터 주요 지원 방법에 이르기까지 민간의 전문가를 적극 활용하여 실제 기업이 스케일업 과정에서 직면한 어려움을 극복하는 데 필요한 정보와 자원을 얻을 수 있도록 설계되어 있는 것을 알 수 있다.

3. 지원 이후 성과 정보를 사업 개선에 적극 활용

해외의 기업지원사업 사례를 통해 마지막으로 제시할 시사점은 앞서 소개한 사업 운영방식이 처음부터 결정된 것이 아닌 파일럿 프로그램 운영 혹은 초기 지원 이후 기업 인터뷰 및 면밀한 성과평가를 적극 반영한 결과라는 점이다.

EIC Scaling Club 100의 경우 시행 이전인 2021년에 EIC ScalingUp TOP 50 프로그램을 통해 디지털, 건강, 지속 가능성 총 세 개 트랙에 해당하는 50개 기업을 선발하여 지원하였다. 해당 프로그램에 선정되기 위해 3,000개 이상의 기업이 지원하였다. 이렇게 많은 기업이 지원하였다는 사실은 프로그램이 제공하는 네트워크와 민간투자 유치 기회 등의 혜택에 대한 수요가 많다는 것을 보여준다. 선정 시 심사위원들은 기존 시장을 혁신하는 정도, 새로운 시장 확대 가능성, 향후 2년간 시리즈 B 혹은 C를 위한 자금조달 가능성에 대해 투표를 하는 방식으로 상위 50개 기업을 선정하였다. 이 중 37개 기업을 선정하여 전략적 투자자 및 파트너와 함께 성장 클럽(Growth Club)을 형성하고 협력 및 로드쇼 등을 진행하였다.

해당 프로그램 종료 이후 프로그램 운영과정에서 얻은 교훈과 통찰력을 투명하게 공유하고 스케일업 관련 기업이 도움을 받을 수 있도록 청사진(blueprint)을 작성하였다.[42] 청사진은 별도의 프로젝트로 프로그램 지원 단계에서부터 계획되었으며, 40명 이상의 생태계 대표(혁신기관, 투자자, 액셀러레이터)의 의견을 활용하여 설계되었고 EIC ScalingUp 지원 회사를 통해 테스트되었다. 청사진을 통해 기술 기반 스케일업을 지원하기 위한 프로그램을 설계하는 방법에 대한 지침을 제공하고자 하였다.

청사진은 지원대상을 시장에 곧 출시될 제품(TRL 6 이상)을 보유하고 있으며 500만유로 이상의 자금을 조달한 경험이 있는 딥테크 기업으로 설정하였다. 또한 사업의 시너지 효과와 효과적인 자금조달 연결을 특정

---

42 EIC ScalingUp, "A blueprint to support European deep tech scale-ups"(https://www.eicscalingup.eu/blueprint, 최종접속일: 2023. 11. 17).

시장/분야에서 최대 10개 회사로 그룹화하여 운영할 것을 제안하였다. 또한 민간투자자(자금조달), 기업(시장잠재력), 멘토/전문가(멘토링 기회)로 구성된 심사위원단이 기업을 선정할 것을 제안하였으며, 청사진을 통해 기업지원이 효과적이기 위한 지원방식을 구체적으로 제시하고 있다. 청사진을 바탕으로 EIC Scaling Club이 운영되는 것을 알 수 있다.

Innovate UK Scaleup programme은 파일럿 프로그램으로 29개 기업을 지원하고 해당 기업이 경제에 미치는 영향과 함께 정부의 투자비용당 혜택을 평가하였다. 비용에 비해 혜택이 높다는 평가와 프로그램 운영상 얻은 교훈을 바탕으로 앞서 소개하였듯이 실제 스케일업 경험이 있는 민간 전문가로 구성된 스케일업 디렉터가 핵심적인 역할을 하는 이사회 구조의 지원방식을 설계하였다.

제2절 정책 제언

선별적 산업정책을 고려하기 이전에 시장실패 혹은 외부성이 존재하는 영역에서 필요한 활동을 장려하는 데 있어 수평적 정책으로 해당 활동을 장려할 수 있는지 우선적으로 검토할 필요가 있다. 선별적 산업정책은 앞서 논의하였듯이 정보의 비대칭성 등의 이유로 의도하지 않은 기업이 정책의 수혜를 받기 위해 선별되고 의도한 활동을 적극적으로 수행하지 않을 수 있다. 또한 소수의 기업에 혜택이 집중되게 되어 정책이 미치는 영향의 범위가 협소해질 수 있다. 따라서 가용한 수평적 정책을 우선 고려하고 해당 정책과 조합되어 전략의 목표를 달성하기에 적합한 선별적 산업정책의 수단이 고려되어야 한다.

본 연구의 논의를 바탕으로 본 절에서는 선별적 산업정책의 효과성을 제고하기 위한 정책방안을 제안한다.

1. 명확한 목표와 경쟁을 유인하는 요건 설정

선별적 산업정책은 선별된 대상이 정책의 목표에 부합하는 활동을 더 많이 하도록 인센티브를 부여한다. 선별적 산업정책이 의도한 활동을 효과적으로 장려하기 위해서는 지원과 관련한 적절한 조건성(conditionality)이 부여되어야 한다. 조건성은 선별기업에 당근이나 채찍과 같은 역할을 하며 기업 스스로 경쟁을 하도록 유인하는 요건을 설정한다.

우선 정책의 목표가 명확하게 설정되어야 관련한 요건이 논의될 수 있다. 이후 목표에 부합하는 기업 선별 기준 마련과 목표 달성을 위한 수단 및 방식 설정, 사업 관리가 체계적으로 수행될 수 있다.

지원 수단 및 방식과 관련하여 EIC Scale Up 100 프로그램은 벤처캐피털 등 투자자, 혁신가, 스케일업 경험이 있는 멘토, 딥테크 기업, 정부기관이 클럽을 형성하여 민간자금 유치를 유도하고 전문가 컨설팅을 제공하는 것을 주요 지원수단으로 하고 있다. 이는 정부지원 금액만을 보고 지원하려는 기업보다는 실제 딥테크 기술을 개발하고 상업화하려 하지만 관련 투자를 위해 큰 규모의 민간자금이 필요하고 또 성장하는 데 따르는 걸림돌을 극복하는 노하우를 배울 수 있는 기회를 가치 있게 생각하는 기업이 지원하도록 하는 유인을 제공한다.

EIC Accelerator는 지원기업의 규모와 제품개발 정도에 따라 자금지원 수단을 다르게 적용하였다. 직원 수가 500명 이상인 기업은 지원대상이 아니며 중소기업이 아닌 중견기업의 경우에는 보조금 방식이 아닌 지분투자 방식의 자금조달을 가능하게 하였다. 보조금이 한정되어 있으므로 상대적으로 규모가 큰 중견기업에 지원하는 것을 피하고 실제 빠르게 스케일업 성장을 하기 위해 자금이 필요한 중견기업에 자금조달 창구를 마련해주는 방식으로 운영하는 것이다.

우리나라의 경우 중견기업을 포함한 상대적으로 규모가 있는 기업을 지원함에 있어 R&D 보조금을 직접 지원하기보다 지분 투자 등 기업 성과를 함께 공유할 수 있는 방식을 적극 고려할 필요가 있다. 지분 투자 방식에서도 민간자본이 투자할 수 있는 창구가 우선되어야 할 것이다.

앞서 소개한 해외 사례 운영방식을 참고하여 지원방식 또한 정부 주도의 프로그램 혹은 정부가 보조금을 지원하고 끝나는 방식의 지원방식에서 지원의 전 과정에서 기업이 어려움을 스스로 극복하는 데 도움을 줄 수 있는 방식으로의 전환이 필요하다.

2. 민간 전문성을 활용한 지원방식

기업 선별부터 주요 지원, 사업 운영에 이르기까지 민간이 주도하여 지원할 수 있으며, 이를 적극적으로 활용할 필요가 있다. 지난 20년간 정부가 발표한 정책의 키워드로 "민간 주도"라는 말이 자주 쓰였다. 민간 주도로 사업을 혁신한다고 표방하면서 실제로는 정책 수행 과정의 일부분에 한해 민간이 참여하는 방식으로 사업을 운영한 경우가 많다.

선별적으로 기업을 지원하는 정책의 기업 선별에서부터 관련 민간 전문가가 책임을 가지고 선별하는 방식으로 전환할 필요가 있다. 기업 선별방식과 관련하여 Innovate UK Scaleup programme은 최종 선정 이전 단계에서 기업이 아닌 스케일업 디렉터가 직접 현장 방문을 바탕으로 자세한 평가서를 작성하고 이를 바탕으로 최종 선별을 한다. 우리나라에서도 스케일업 경험이 있는 기업가 및 전문가가 현장 방문을 통해 기업에 대한 프로그램 지원이 효과적일지를 판별하고 이를 평가하여 선별하는 방식을 도입할 수 있다. 이 방식은 실제 지원이 필요하며 동시에 지원이 효과적인 기업을 선별하는 데 도움이 될 수 있다.

앞서 WC300 사업의 목표가 모호하게 설정되어 있고, 지원수단인 R&D 비용을 보조금 형식으로 수여하며, 이후 성과평가 정보가 사업을 개선하는 데 환류되지 않는 문제를 지적하였다. 혁신적인 기업이 빠르게 스케일업함에 있어 직면하는 어려움을 극복하는 데 실질적인 도움이 되는 정책이 되기 위해서는, 정부는 네트워크를 형성하는 역할을 하고 이를 통해 자연스럽게 민간투자가 연결되도록 할 필요가 있다. 지원방식은 기술개발 혹은 스케일업 경험이 있는 전문가로부터 기업에 맞는 비스포크(Bespoke)식 자문이 제공될 수 있도록 설계할 수 있다.

사업의 운영 또한 정부기관이 아닌 민간에서 주도할 수 있다. 앞서 소개한 EIC Scale Up 100 프로그램은 민간 커뮤니티와 액셀러레이터, 투자기업, 비즈니스 스쿨이 컨소시엄을 이룬 EIC Scaling Club 운영을 통해 기업을 지원한다. 우리나라에서도 사업운영과 관련된 이해관계자가 모여서 기업을 지원할 수 있도록 공개 모집 등의 절차를 거쳐 민간 파트너를 운영기관으로 선정하고 성과를 평가하여 운영할 수 있다.

직접보조금 지원이 아닌 민간 전문성을 활용한 지원방식으로의 전환이 필요한 이유는 기업에 실질적인 도움이 되는 지원을 제공하기 위함이기도 하지만 역외 국가에서 우리나라 기업의 활동에 제한을 받지 않도록 도와주는 일이기도 하다.

EU 역외보조금 규정(Foreign Subsidies Regulation: FSR)이 2023년 7월 12일에 시행되었다. FSR은 EU 역외 국가로부터 과도한 보조금을 받은 기업이 EU 내 기업 인수합병이나 공공입찰에 참여하는 것을 불공정경쟁으로 간주하여 규제하기 위한 규정이다. 앞서 제2장에서 EU는 회원국 보조금을 관리하고 관련한 통계를 제공하는 것을 알 수 있었다. EU 역외국의 보조금에 대한 통제장치가 없다는 인식하에 제3국 정부로부터 보조금을 받은 기업의 실질적·잠재적인 경쟁왜곡을 방지하기 위해 관련 규정을 시행하였다.

EU는 1) 재정적 기여(Financial contribution), 2) 혜택(Benefits), 3) 특정성(Specificity) 등 세 가지 요소가 모두 충족되는 경우를 보조금으로 간주한다. 재정적 기여는 비EU 정부가 제공하는 각종 재정적 인센티브로 보조금, 대출, 자금이전, 세금면제, 채무부담 등이 포함된다. 재정적 기여가 1개 이상의 기업 또는 산업으로 특정되고 이로 인해 역외기업이 경쟁적 우위를 갖는 등 혜택이 발생한 경우에 해당한다. EU 집행위원회는 규제수단으로 1) 기업결합 사전신고, 2) 공공조달 참여 사전신고, 3) 직권조사를 이용하여 규제를 집행한다. 모든 역외보조금이 대상이 되고 기업의 신고의무가 발생하여 기업 부담이 커진 상황이다. 우리나라 기업이 위와 같은 규제에 제약을 받지 않고 활동하는 데 도움이 되려면 선별적으로 보조금을 지원하는 방식을 지양할 필요가 있다.

3. 데이터 기반 정책으로의 전환

지원대상 선별은 R&D 지원뿐만 아니라 수출지원, 창업지원, 경영지원 등 수많은 지원사업과 다양한 복지사업에서도 매우 보편적으로 발생하는 문제이다. 지원정책의 효과성은 정책목적에 부합하는 대상 선별에 달려 있으며, 현재 정부지원사업 대상 선정에서 기업 혹은 개인의 특성 정보 및 지원 이후 성과를 포함한 데이터를 충분히 활용하지 않고 있다. 현 디지털플랫폼정부 핵심추진과제인 '똑똑한 원팀 정부'를 정부지원정책에 구체적으로 적용하여 실현할 수 있는 구체적인 전략 수립이 필요하다. 단순히 분산된 데이터를 한곳에 모아 놓는 포털식 접근보다 이러한 데이터를 이용한 분석이 가능하도록 양식과 접근 및 수집 권한에 대한 기준을 마련할 필요가 있다.

각 기관의 데이터 기반 정책 수립 전환을 지원하는 방식으로 정책을 설계할 수 있으며, 지원수단으로는 시스템, 데이터 플랫폼, 보안 등 기술적 측면과 더불어 조직 진단 및 재설계 컨설팅, 교육훈련 등 업무혁신까지 포괄해야 한다. 각 기관은 필요한 데이터의 선정, 분석, 성과에 대한 책임을 지는 최고 데이터 책임자를 임명하고 직원교육을 수행하는 등 전사적 전략을 수립할 필요가 있다.

정책 정보의 생산, 수집, 활용, 분석과 관련된 부처 간 업무표준을 마련하고 각 주무부처에서 별도로 관리되고 있는 정부사업 관련 데이터를 표준화된 방식으로 관리하여 연관된 신규사업 수립 시 활용성을 향상시킬 수 있다. 정부 사업의 경우 현재 세부사업 단위에서 관리가 되고 있지만 세부사업 안에 여러 가지 내역사업이 수행되고 있으며, 내역사업의 내용과 지원대상에 차이가 있을 수 있다. 내역사업 단위에서 사업의 기능 및 지원대상에 대한 정보를 관리할 필요가 있다. 또한 수혜기업 또는 개인에 대한 정보를 연결하여 활용 가능하게 할 수 있으며, 관련된 보안 이슈에 대처할 수 있도록 기술적 대처 및 규제 정비가 필요하다. 위와 같이 데이터가 관리되면 수혜기업 혹은 개인을 분별하여 수혜자 특성을 고려한 지원이 가능하다. 또한 사업 기능 및 지원대상 기준 사업 분별이 가능하며 사업 조정 및 신규사업 수립에 활용이 가능할 것이다.

데이터를 기반으로 한 정책은 꼭 물리적인 데이터베이스 구축 및 데이터 활용으로만 구현되는 것이 아니다. 앞서 해외 기업지원사업 사례에서 논의한 것처럼 지원 이후 기업 인터뷰 및 파일럿 프로그램 운영 등을 통해 지원 이후 성과 정보를 사업 개선에 적극 활용할 수 있다. 본격적으로 예산을 크게 투입하여 사업을 시행하기 전에 파일럿 프로그램을 운영하여 지원대상 선정 및 운영 방식을 설정하면 시행착오의 비용을 크게 줄이면서 사업을 보다 효과적으로 운영할 수 있다.

4. 투명하고 책임 있는 지원을 위한 정부지원 공개

정부지원은 투명하고 책임 있게 수행되어야 하며, 사업 신청기업 혹은 개인 수준에서 여타 사업지원 이력을 실시간으로 확인할 수 있도록 시스템을 마련해야 한다. 이를 통해 기존 지원 횟수와 지원사업 정보를 제공할 수 있으며, 지원사업을 메뚜기처럼 번갈아가며 지원받는 기업, 기업가 등을 분별하고 지원 중복문제를 파악할 수 있다. 시스템 마련을 위해서는 관련 법 개정이 필요하다.

미국의 경우 미국 국민들에게 세금이 어떻게 사용되고 있는지에 대한 더 명확하고 완전하며 신뢰할 수 있는 정보를 제공하고자 하는 취지에서 DATA ACT(2014)가 시행되었다. 해당 법은 연방정부에 지출 정보를 일관되게 관리할 의무를 부여한다. 모든 연방기관은 보조금 및 계약 관련 지출을 포함하여 모든 지출에 대한 표준화된 데이터를 보고해야 한다.

해당 법에 따라 이를 구현하는 정부의 온라인플랫폼으로 USASPENDING.gov를 운영하여 정부 지출(연방 보조금, 금융지원, 계약, 계약 외 임금 지출 등)을 산업별, 수혜자별, 기관별, 지역별로 공개하고 있다. 구체적인 사례로 Boston Dynamics로 검색한 결과를 [그림 5-1]에 소개한다. Boston Dynamics는 로봇 기업으로 해당 기업을 식별하는 번호와 지원받은 총금액이 소개되며, 연도별 지원금액과 횟수가 알기 쉬운 그래프로 제시된다. 그림에 포함되어 있지 않지만 지원기관별 지출, 지원사업별 지출, 지원과

[그림 5-1] 미국 연방정부 보조금 지출 내역 공개 사례

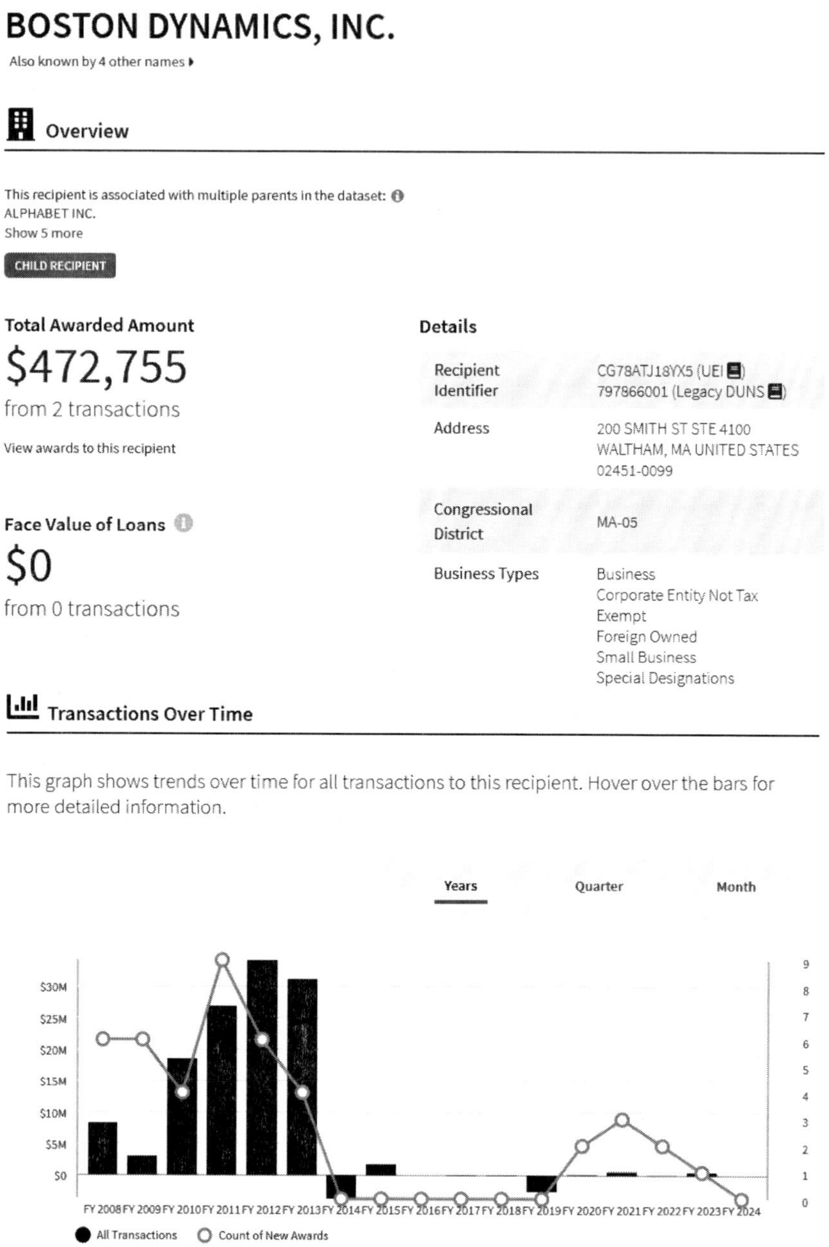

자료: USASPENDING.gov(https://www.usaspending.gov/recipient/c4d3d5d8-1811-c32b-e6dc-5a2c01fdf2fc-C/latest, 최종접속일: 2023. 12. 15).

연관된 산업 코드 및 산업명 등의 세부적인 정보가 공개되어 있다. 산업 코드 정보로 관련된 산업에 대한 지원 현황을 파악할 수 있다.

우리나라의 경우 e나라도움 홈페이지(https://www.gosims.go.kr)에서 국고보조금 통합관리시스템을 운영하고 있으나, 국고보조금 사업에 한정하고 있고 관련 법에서 정보 관리 기간이 5년으로 한정되어 있다.[43] 정부지원 내역 공개 관련 법 개정 및 표준화된 데이터 보고 관리체계 마련이 필요하다.

보조금 예산의 관리와 관련한 법률인 보조금 관리에 관한 법률(약칭 보조금법) 제26조의2(보조금통합관리망의 구축 등)에서는 보조금 또는 간접보조금의 수급 이력 등을 보조금통합관리망이 포함해야 하는 자료로 명시하고 있다. 해당 법이 정의한 보조금은 국가 외의 자가 수행하는 사무 또는 사업에 대해 교부하는 보조금으로 국가가 지원하는 보조금은 해당하지 않는다.[44]

국가재정법 제9조(재정정보의 공표) 1항에 따르면, “정부는 예산, 기금, 결산, 국채, 차입금, 국유재산의 현재액, 통합재정수지 및 제2항에 따른 일반정부 및 공공부문 재정통계, 그 밖에 대통령령으로 정하는 국가와 지방자치단체의 재정에 관한 중요한 사항을 매년 1회 이상 정보통신매체·인쇄물 등 적당한 방법으로 알기 쉽고 투명하게 공표하여야 한다.” 현재 예산 편성 및 지출 내역은 재정정보공개시스템인 열린재정 홈페이지를 통해 공개하고 있으나, 집행실적이 세부사업 단위까지만 공개되고 해당 사업에서 어떤 기업 혹은 개인이 지원받았는지에 대한 정보는 공개되고 있지 않다. 국가재정법을 개정하여 정부지원금에 대한 각 부처 및 기관의 집행 내역을 개별 수혜자 단위에서 관리하고 공개하도록 조항을 추

---

43 보조금통합포털시스템(https://www.gosims.go.kr/hg/hg001/retrieveMain.do, 최종접속일: 2023. 11. 15).

44 보조금법 제2조 1항은 다음과 같다. “보조금”이란 국가 외의 자가 수행하는 사무 또는 사업에 대하여 국가가 이를 조성하거나 재정상의 원조를 하기 위하여 교부하는 보조금(지방자치단체에 교부하는 것과 그 밖에 법인·단체 또는 개인의 시설자금이나 운영자금으로 교부하는 것만 해당한다), 그 밖에 상당한 반대급부를 받지 아니하고 교부하는 급부금으로서 대통령령으로 정하는 것을 말한다.

가할 필요가 있다.

데이터 공개 관련 법으로는 우선 공공데이터의 제공 및 이용 활성화에 관한 법률(약칭 공공데이터법)이 있다. 해당 법은 공공기관이 보유·관리하는 데이터의 제공 및 그 이용 활성화에 관한 사항을 규정한 법으로 제7조 1항에서는 "정부가 공공데이터의 제공 및 이용 활성화에 관한 기본계획을 수립하여야 한다"고 명시하고 있다. 기본계획은 행정안전부장관이 과학기술정보통신부장관과 협의하여 3년마다 수립하게 되어있는데, 기본계획에 포함되어야 하는 사항으로 공공기관이 담당한 사업의 지원 내역 정보를 추가할 필요가 있다.

참고문헌

김민호, 『자원분배와 생산성: 한국 제조업의 역동성과 시사점』, 정책연구시리즈 2017-05, 한국개발연구원, 2017.

김민호・한재필, 『AI 기반 정부지원 통합체계 구축방안』, 연구보고서 2020-07, 한국개발연구원, 2020.

Abadie, Alberto *et al.*, "Synthetic Control Methods for Comparative Case Studies: Estimating the Effect of California's Tobacco Control Program," *Journal of the American Statistical Association*, 105(490), 2010, pp.493~505.

Andrews, Dan, Chiara Criscuolo, and Peter N. Gal, "The Best versus the Rest: The Global Productivity Slowdown, Divergence across Firms and the Role of Public Policy," OECD Productivity Working Papers, No. 05, OECD, November 2016.

Arkhangelsky, Dmitry *et al.*, "Synthetic Difference-in-differences," *American Economic Review*, 111(12), 2021, pp.4088~4118.

Criscuolo, C. *et al.*, "An Industrial Policy Framework for OECD Countries: Old Debates, New Perspectives," *OECD Science, Technology and Industry Policy Papers*, No. 127, OECD Publishing, Paris, 2022a.

Criscuolo, C. *et al.*, "Are Industrial Policy Instruments Effective? A Review of the Evidence in OECD Countries," *OECD Science, Technology and Industry Policy Papers*, No. 128, OECD Publishing, Paris, 2022b.

Decker, Ryan A. *et al.*, "Where Has All the Skewness Gone? The Decline in High-growth (Young) Firms in the US," *European Economic Review*, 86, 2016, pp.4~23.

European Political Strategy Centre, *Rethinking Strategic Autonomy in the Digital Age*, 2019.

European Innovation Council, "EIC Accelerator Guide for Applicants" Version 3.0, 2023.

Franco-German Manifesto, *A Franco-German Manifesto for a European Industrial Policy fit for the 21st Century*, 2019.

Kim, Minho, Munseob Lee, and Yongseok Shin, "The Plant-level View of an

Industrial Policy: The Korean Heavy Industry Drive of 1973," No. w29252, National Bureau of Economic Research, 2021.

Lincicome, Scott, *Manufactured Crisis: "Deindustrialization," Free Markets, and National Security*, Cato Institute, Washington, DC, 2021. (https://www.cato.org/publications/policy-analysis/manufacturedcrisis-deindustrialization-free-markets-national-security, 접속일: 2023. 11. 17)

Liu, Ernest, "Industrial Policies in Production Networks," *The Quarterly Journal of Economics*, 134(4), 2019, pp.1883~1948.

Mazzucato, M. *et al*., "Industrial Policy with Conditionalities: A Taxonomy and Sample Cases," UCL Institute for Innovation and Public Purpose, Working Paper Series (IIPP WP 2023-07), 2023. (https://www.ucl.ac.uk/bartlett/public-purpose/wp2023-07, 접속일: 2023. 11. 19)

OECD, "ISIC REV.3 Technology Intensity Definition," OECD Publishing, Paris, 2011.

Simon, Hermann, *Hidden Champions of the Twenty-first Century: Success Strategies of Unknown World Market Leaders,* New York: Springer, 2009.

Warwick, K., "Beyond Industrial Policy: Emerging Issues and New Trends," *OECD Science, Technology and Industry Policy Papers*, No. 2, OECD Publishing, 2013.(http://dx.doi.org/10.1787/5k4869clw0xp-en)

Wooldridge, Jeffrey M., "On Estimating Firm-level Production Functions Using Proxy Variables to Control for Unobservables," *Economics Letters*, 104(3), 2009, pp.112~114.

<웹사이트 및 자료>

기획재정부, 「'경제혁신 3개년 계획' 추진방향」, 보도자료, 2014. 1. 15.

______, 「'경제혁신 3개년 계획' 세부 실행과제 확정・발표」, 보도자료, 2014. 3. 5.

미국 노동통계국(U.S. Bureau of Labor Statistics), "A Look at Projected Employment in Professional, Scientific, and Technical Services, 2021-31," 2023.(https://www.bls.gov/spotlight/2023/a-look-at-projected-employment-in-professional-scientific-and-technical-services-2021-31/home.htm, 접속일: 2023. 11. 15)

미국 중소기업청(U.S. Small Business Administration), FY 2024 Congressional

Justification, FY 2022 Annual Performance Report
보조금통합포털시스템(https://www.gosims.go.kr/hg/hg001/retrieveMain.do, 최종접속일: 2023. 11. 15).

산업통상자원부, 「월드클래스300 선정기업 리스트」, 각년도.

______, 「중견 육성 대표 정책 '월드클래스', 새로운 10년 출발」, 보도자료, 2021. 5. 14.

______, 「2017~2023년도 각 연도별 예산 및 기금운용계획 사업설명자료」.

______, 「2018 회계연도 성과보고서」.

______, 「2021년도 월드클래스플러스사업 신규지원 공고」, 2020-715.

______, 「2022년도 산업기술혁신사업 통합 시행계획 공고」, 2021-858.

______, 「2022년도 소재부품기술개발사업(패키지형) 신규지원 대상 연구개발과제 공고」, 2022-331.

______, 「2022년도 제4차 신재생에너지핵심기술개발사업 신규지원 대상 연구개발과제 공고」, 2022-711.

______, 「2022년도 전자부품분야(반도체, 디스플레이, 산업융합) 신규지원 대상 연구개발과제 재공고」, 2022-240.

산업통상자원부·중소기업청, 「2016년도 한국형 히든챔피언 육성사업 시행계획 통합공고」, 산업통상자원부 2016-55, 중소기업청 2016-70.

______, 「2017년도 한국형 히든챔피언 육성사업 시행계획 통합공고」, 산업통상자원부 2017-1, 중소기업청 2017-6.

산업통상자원부·중소벤처기업부, 「2018년도 월드클래스 300 프로젝트 시행계획 공고」, 산업통상자원부 2018-27, 중소벤처기업부 2018-20.

월드클래스 기업협회(https://worldclass300.org/new/html/?p=0303, 접속일: 2023. 10. 20).

일본 중소기업청 보도자료(https://www.chusho.meti.go.jp/koukai/yosan/r4/r4hosei-r5touhso_point.pdf, 접속일: 24. 1. 29).

중견기업 정보마당(https://www.mme.or.kr/PGHI0020.do, 최종접속일: 2023. 10. 28).

중소기업청, 「2017년도 예산 및 기금운용계획 사업설명자료」.

______, 「2013~2016년도 각 연도별 세입세출 예산 및 기금운용계획 개요」.

______, 「2014년도 World Class 300 프로젝트 시행계획 공고」, 2014-26.

중소벤처기업부, 「시장대응형 기술개발, 2022년 하반기 중소기업기술혁신개발사업(시장대응형) 지원내용」.

______, 「중소벤처기업부 중소기업지원사업 현황」, 2022.

______, 「2015년도 세입・세출 결산 사업설명자료 요약본」.

______, 「2020년도 예산 및 기금운용계획 사업설명자료」.

______, 「2022년 예산 역대 최고 19조원 확정」, 보도자료, 2021. 12. 3.

______, 「2022년도 예비창업패키지 예비창업자 모집 공고」, 2022-165.

______, 「2018년도 예산 및 기금운용계획 사업설명자료」.

______, 「2022년도 중소기업기술혁신개발사업 시장확대형 시행계획(2차) 공고」, 2022-326.

______, 「2022년도 중소기업 정책자금 융자계획 공고(요약)」, 공고 제2021-648호, 2011.

______, 「2022년도 지역특화산업육성+(R&D) 지역주력산업육성 지원계획 수정 공고」, 2022-96.

______, 「2022년 팁스(TIPS) 창업기업 지원계획 통합공고」, 2022-52.

______, 「2022년도 ICT 융합 스마트공장 보급・확산사업 공고」, 2022-48.

______, 「2023년도 창업성장기술개발사업 디딤돌 서비스R&D 과제 시행계획 공고」, 2023-337.

중소벤처기업연구원, 「중소기업지원사업 현황분석」, 각년도.

지식경제부, 「2012년도 예산 세부사업 설명자료(기획조정실・산업경제실)」

______, 「2012년도 World Class 300 프로젝트 시행계획 공고」, 2012-34.

______, 「2013년도 World Class 300 프로젝트 시행계획 공고」, 2013-39.

충남테크노파크, 「2022년 규제자유특구혁신사업육성(기업지원)사업 지원 모집 공고」, 2022. 8. 10.

통계청, 「기업활동조사」, 통계청 MDIS, RDC(RDC23082401).

______, 「기업생멸행정통계」(www.kosis.kr, 최종접속일: 2023. 11. 4).

______, 「2022년 평균 환율 자료」 (https://kosis.kr/statHtml/statHtml.do?orgId=101&tblId=DT_2KAA811, 최종접속일: 2024. 1. 29).

______, 「제10차 한국표준산업분류표」 (http://kssc.kostat.go.kr/ksscNew_web/index.jsp, 최종접속일: 2023. 9. 10).

한국산업기술진흥원, 「월드클래스300기업」 (https://www.data.go.kr/data/15104421/fileData.do#tab-layer-file, 접속일: 2023. 2. 20)

한국생산성본부, 「생산성 통계DB」(https://stat.kpc.or.kr/laborStatic/index, 접속일: 2023. 10. 13).

한국은행 경제통계시스템, 「국내총생산에 대한 지출 디플레이터」(http://ecos.bok.or.kr/, 접속일: 2023. 10. 17).

______, 「산업연관표」(http://ecos.bok.or.kr, 접속일: 2023. 10. 11).

______, 「생산자물가지수」(http://ecos.bok.or.kr, 접속일: 2023. 10. 17).

______, 「자본재형태별 총자본형성」(http://ecos.bok.or.kr, 접속일: 2023. 10. 17).

European Commission, "State aid Scoreboard," 2022.

EIC Accelerator(https://eic.ec.europa.eu/eic-funding-opportunities/eic-accelerator_en, 최종접속일: 2023. 11. 30).

EIC Accelerator Challenges(https://eic.ec.europa.eu/eic-funding-opportunities/eic-accelerator/eic-accelerator-challenges_en, 최종접속일: 2023. 11. 30).

EIC News Article, 2023. 6. 1(https://eic.ec.europa.eu/news/scaling-european-innovation-council-launch-new-initiative-support-europes-future-deep-tech-champions-2023-06-01_en, 최종접속일: 2023.11.30.)

EIC ScalingUp, "A blueprint to support European deep tech scale-ups" (https://www.eicscalingup.eu/blueprint, 접속일: 2023. 11. 17).

EIC Scalingclub(https://eicscalingclub.eu/theprogramme, 최종접속일: 2023. 11. 30).

EIC Work Programme 2022(https://eic.ec.europa.eu/eic-work-programme-2022_en, 최종접속일: 2023. 11. 30).

UK Scaleup(https://www.innovateukedge.ukri.org/Scale-with-us#, 최종접속일: 2023. 11. 30).

USAspending.gov(https://www.usaspending.gov/agency/small-business-administration?glossary=budgetary-resources&fy=2022, 접속일: 2023. 12. 18).

USAspending.gov(https://www.usaspending.gov/recipient/c4d3d5d8-1811-c32b-e6dc-5a2c01fdf2fc-C/latest, 최종접속일: 2023. 12. 15).

World Bank 국가별 GDP(https://data.worldbank.org/indicator/NY.GDP.MKTP.CD?view=chart, 접속일: 2023. 11. 29).

World Class 300(https://www.worldclass300.or.kr/integ/sub01_01_01.jsp, 최종접속일: 2023. 10. 20).

부 록

1. 2022년 중소기업 지원사업(선별적 지원사업)

<부표 1> 2022년 중소기업 선별적 지원사업

소관	세부사업	관리사업	지원 건수	지원 기업 수	지원 금액 (억원)
산자부	산업집적지 경쟁력강화(R&D)	R&BD네트워크 구축운영	1,210	671	695
중기부	중소기업 연구인력지원(R&D)	연구인력 채용지원(신진, 고경력)	524	524	683
산자부	차세대지능형반도체기술 개발(설계 · 제조)(R&D)	차세대지능형반도체기술 개발(설계 · 제조)(R&D)	253	176	676
중기부	민관협력창업자육성	민관공동 창업자 발굴육성	567	533	675
산자부	산업기술 국제협력(R&D)	국제공동기술개발	437	281	650
중기부	창업성공패키지	창업성공패키지	959	959	646
산자부	자동차산업 기술개발(R&D)	그린카_그린카	319	209	625
산자부	우수기업연구소육성사업 (ATC+)(R&D)	우수기업연구소 육성사업(ATC+)	326	258	605
중기부	창업사업화지원	창업도약패키지	480	480	598
산자부	에너지수요관리핵심기술 개발(에특)(R&D)	수요관리기반 기술개발	147	109	586
중기부	창업사업화지원	초기창업 패키지	760	760	567
중기부	중소기업R&D 역량제고(R&D)	위기지역 중소기업 Scale-up R&D 지원	50	50	500
중기부	혁신선도형 중소기업투자	혁신선도형 중소기업투자	58	57	498
산자부	자동차산업 기술개발(R&D)	상용차산업혁신성장 및 미래형산업생태계구축	143	100	464
중기부	지역특화산업육성	시도기업지원	2,861	2,158	463

<부표 1>의 계속

소관	세부사업	관리사업	지원 건수	지원 기업 수	지원 금액 (억원)
조달청	조달물자구매 및 관리지원(자본)	공공혁신조달사업	163	157	460
환경부	스마트생태공장구축	스마트생태공장구축	46	46	411
산자부	글로벌주력산업품질 대응뿌리기술개발사업 (R&D)	글로벌주력산업 품질대응 뿌리기술개발사업	217	157	400
국토 교통부	국토교통기술 사업화지원(R&D)	중소기업보유기술사업화	76	76	359
중기부	중소기업기술혁신 개발(R&D)(일반)	수출지향형 기술개발	286	232	359
농림축산 식품부	농식품글로벌경쟁력 강화	농식품 우수기업 육성	431	431	357
중기부	중소기업상용화기술 개발(R&D)	네트워크형 기술개발	441	332	352
중기부	글로벌중소기업육성 프로젝트지원(R&D)	월드클래스300 프로젝트지원	47	46	344
중기부	산학연 Collabo R&D(R&D)	산학협력 기술개발	1,010	631	331
중기부	스마트제조혁신기술 개발사업(R&D)	스마트제조혁신 기술개발사업	49	49	331
경상남도	스마트공장보급확산 (국가직접지원)	스마트공장 보급확산	433	412	326
산자부	바이오산업 기술개발(R&D)	디지털 헬스케어	193	136	323
산자부	바이오산업 기술개발(R&D)	맞춤형진단・치료제품	135	92	317

주: 1) SIMS의 관리대상 사업 중 2022년 기준 연간 지원금액이 300억~700억원 사이의 사업에 해당함.
2) 산자부는 산업통상자원부, 중기부는 중소벤처기업부를 의미함.

자료: 중소벤처기업부, 「SIMS DB 2022년 관리사업 현황관리」.

2. 정책자금 융자계획 요약표(선별적 자금지원사업)

<부표 2> 2022년 정책자금 융자계획 요약표

구분	업력	지원사업(자금)	선별 사업	신청대상	대출금리 (기준금리±@)	대출기간 (거치기간)	대출한도 (억원)
시설	7년 미만	창업기반지원		전체 중소기업	△0.6%p	10년(4)	60
		일자리창출촉진	O	일자리창출, 인재육성기업 등	△0.7%p	10년(4)	60
		재창업	O	재창업(준비) 기업(성실경영평가 통과)	△0.3%p	10년(4)	60
	7년 이상	혁신성장지원		전체 중소기업	+0.2%p	10년(4)	60
	무관	개발기술사업화	O	특허, 정부 R&D 등 보유 기술사업화 추진기업	△0.3%p	10년(4)	30
		제조현장스마트화	O	스마트공장 도입 추진기업 등	△0.3%p	10년(4)	100
		Net-Zero유망기업	O	탄소중립 기술사업화 기업	+0.2%p	10년(4)	60
		수출기업글로벌화	O	수출유망기업(수출 10만불 이상)	△0.3%p	10년(4)	20
		사업전환(업력 3년↑)	O	사업전환계획 승인(5년 이내)기업	△0.3%p	10년(4)	100
		구조개선전용 (선제적 자율구조개선)	O	은행 추천, 정책금융기관 지정 경영애로 기업 등	2.5%(고정)	10년(4)	60
		성장공유형	O	기업공개(IPO) 가능성이 높은 중소기업	표면금리(0.5%) * 업력(3년↓)기업: 0.25% 만기보장금리(3.0%)	5년(2) *업력(7년↓)기업: 7년(4)	60

<부표 2>의 계속

구분	업력	지원사업(자금)	선별 사업	신청대상	대출금리 (기준금리±@)	대출기간 (거치기간)	대출한도 (억원)
운전	7년 미만	창업기반지원		전체 중소기업	△0.3%p	5년(2)	5
		일자리창출촉진	O	일자리창출, 인재육성기업 등	△0.4%p	5년(2)	5
		재창업	O	재창업(준비) 기업으로 성실 경영평가 통과기업	기준금리	6년(3)	5
	7년 이상	혁신성장지원		전체 중소기업	+0.5%p	5년(2)	5
	무관	개발기술사업화	O	특허, 정부 R&D 등 보유 기술사업화 추진기업	기준금리	5년(2)	5
		제조현장스마트화	O	스마트공장 도입 추진기업 등	기준금리	5년(2)	10
		Net-Zero유망기업	O	탄소중립 기술사업화 기업	+0.5%p	5년(2)	5
		내수기업수출기업화	O	내수·수출초보기업 (수출 10만불 미만)	기준금리	5년(2)	5
		수출기업글로벌화	O	수출유망기업(수출 10만불 이상)	기준금리	5년(2)	10
		긴급경영안정	O	일시적 경영애로기업	+0.5%p	5년(2)	10
			O	자연재해, 사회재난 피해기업	1.9%(고정)		
		사업전환 (업력 3년 이상)	O	사업전환계획 승인(5년 이내)기업	기준금리	6년(3)	5
		구조개선전용 - 일반	O	은행 추천, 정책금융기관 지정 경영애로 기업 등	기준금리	5년(2)	10
		구조개선전용 - 선제적 자율 구조개선			2.5%(고정)		
		성장공유형	O	기업공개(IPO) 가능성이 높은 중소기업	표면금리(0.5%) * 업력(3년↓)기업: 0.25% 만기보장금리(3.0%)	5년(2) * 업력(7년↓) 기업: 7년(4)	60

주: 선별사업은 전체 중소기업을 대상으로 하지 않고 특정 조건을 만족하는 기업을 선별하여 지원하는 사업을 의미.
자료: 중소벤처기업부, 「2022년도 중소기업 정책자금 융자계획 공고(요약)」, 선별사업 분별은 저자 추가.

3. 서비스업 업종별 대·중소기업 분류기준

<부표 3> 서비스업 업종별 대·중소기업 분류 기준

산업분류	업종구분	중소기업 기준
E	수도, 하수 및 폐기물 처리, 원료재생업	100인 미만
G	도매 및 소매업	200인 미만
I	숙박 및 음식점업	200인 미만
J	정보통신업(우편 및 통신업 제외)	300인 미만
L	부동산업	50인 미만
M	전문, 과학 및 기술서비스업(연구개발업 제외)	300인 미만
N	사업시설관리 및 사업지원 및 임대 서비스업	300인 미만
P	교육서비스업	100인 미만
Q	보건업 및 사회복지 서비스업	300인 미만
R	예술, 스포츠 및 여가관련 서비스업	200인 미만
S	협회 및 단체, 수리 및 기타 개인서비스업 (94 협회 및 단체 제외)	100인 미만

자료: 중소기업기본법 시행령 제3조(중소기업의 범위)(2012-2014 기준).

4. 산업별 고용 및 유형자산 투자 비중

[부도 1] 산업별 고용(2021년 기준)

(단위: 백명)

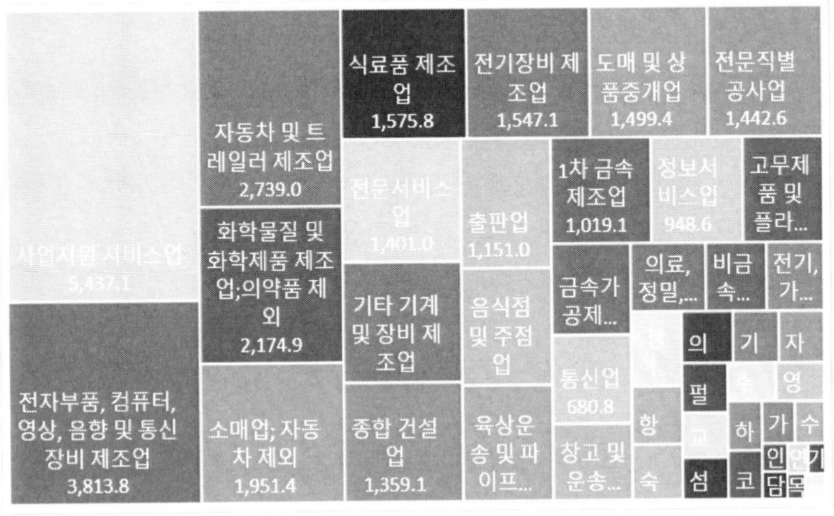

자료: 통계청, 「기업활동조사」(2021)를 이용하여 저자 계산.

[부도 2] 산업별 유형자산 투자(2021년 기준)

(단위: 백억원)

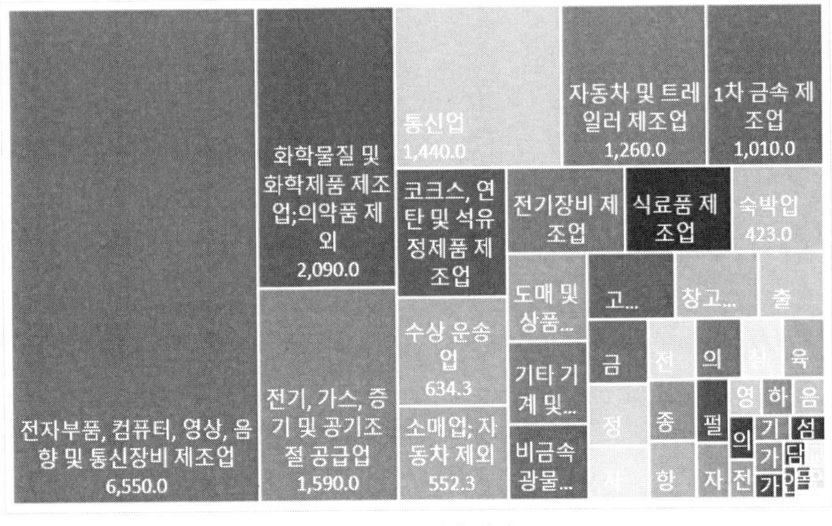

자료: 통계청, 「기업활동조사」(2021)를 이용하여 저자 계산.

5. 제조업 기업 생산성 기업규모별 추세(가중평균)

[부도 3] 제조업 기업 기업규모별 추세

노동생산성(인당 매출액 로그값)

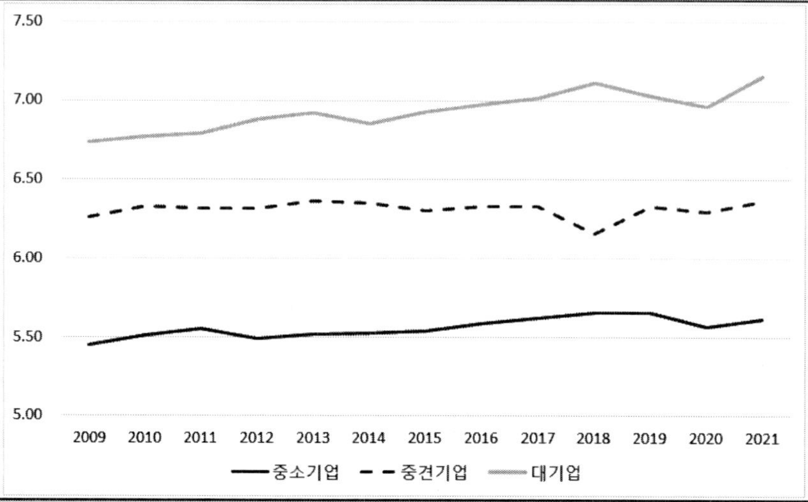

총요소생산성

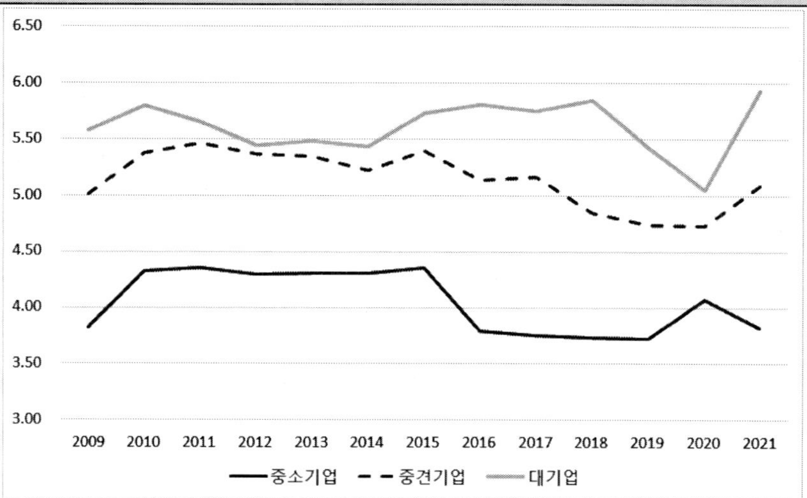

자료: 통계청, 「기업활동조사」(2009~21)를 이용하여 저자 계산.

6. 서비스업 기업 생산성 기업규모별 추세(가중평균)

[부도 4] 서비스업 기업 기업규모별 추세

노동생산성(인당 매출액 로그값)

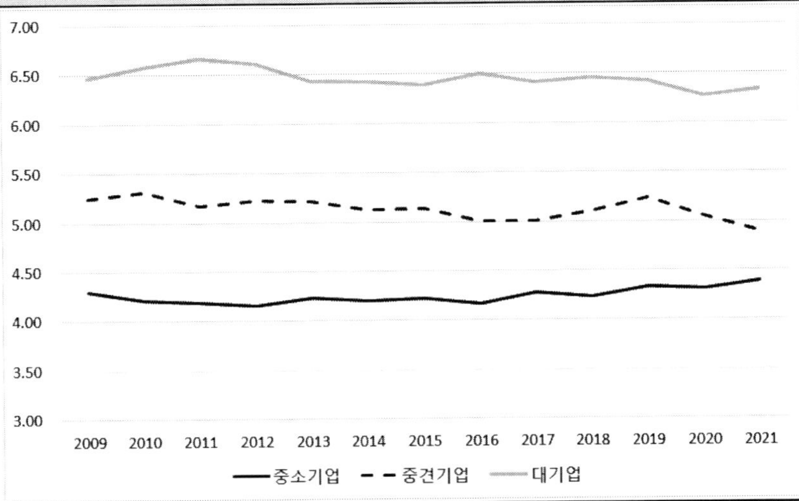

총요소생산성

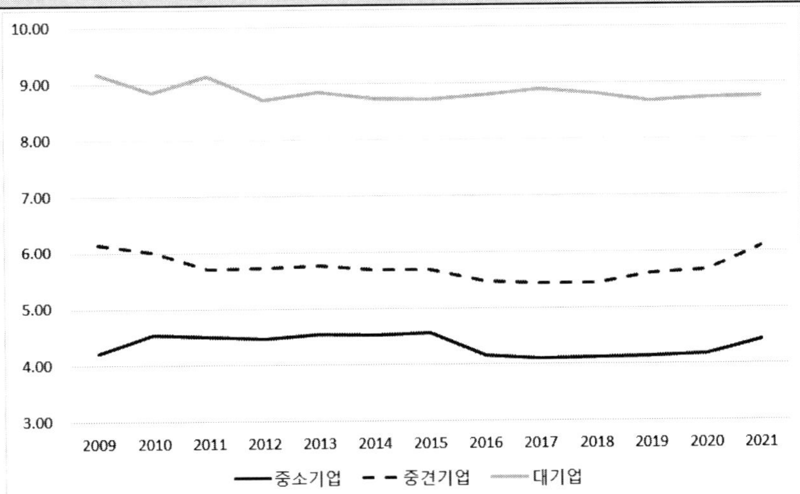

자료: 통계청, 「기업활동조사」(2009~21)를 이용하여 저자 계산.

7. 월드클래스300 선정기업과 여타 기업의 특성

<부표 4> 2018년도 WC300 지원 수혜기업, 자격 충족 기업, 여타 기업의 특성

	제조업			서비스업		
	WC300 기업	자격 충족 기업	여타 기업	WC300 기업	자격 충족 기업	여타 기업
기업개수	27	136	4979	4	66	2007
업력(년)	22.5	20.2	23.7	30.8	17.5	20.8
노동생산성(로그값)	3.95	3.41	3.24	3.78	3.02	2.95
총요소생산성(로그값)	3.52	3.21	3.18	3.86	3.23	3.25
매출액(억원)	1160	539	2683	1575	371	1415
부가가치(억원)	149	70	388	127	45	100
종사자 수(명)	234	169	334	613	171	220
유형자산(억원)	469	208	1037	556	47	166
무형자산(억원)	16	10	73	23	11	55
연구개발비(억원)	44	14	95	51	4	11
연구개발비/매출액(%)	2.0%	1.2%	1.0%	2.6%	0.6%	0.0%
부채비율(%)	37.9%	45.8%	49.8%	42.7%	42.5%	43.7%
인당 인건비(백만원)	55.6	48.9	55.1	58.9	55.3	63.0
특허권(개)	33.3	13.8	53.2	97.3	5.5	9.4
국내 관계회사 수(개)	1.6	1.2	1.5	4.0	1.7	2.3
해외 관계회사 수(개)	3.2	1.3	2.0	4.5	0.8	1.4
해외 관계회사 투자금액(억원)	120	42	481	130	3	140
지난 3년 매출액 성장률	20.1%	50.0%	5.8%	46.8%	43.8%	4.8%
지난 1년 매출액 성장률	0.9%	3.4%	0.0%	19.5%	5.4%	1.5%
향후 1년 매출액 성장률	1.2%	1.5%	2.6%	-1.7%	6.0%	0.7%
향후 3년 매출액 성장률	16.7%	10.4%	6.1%	9.2%	21.5%	4.8%
4차 산업혁명 관련 기술 활용 여부(%)	18.5%	7.4%	10.1%	50.0%	21.2%	20.5%

주: 1) WC300 기업은 해당 연도 WC300 사업의 지원 수혜기업, 자격 충족 기업은 WC300 사업의 자격조건을 충족하나 비수혜기업에 해당함.
2) 생산성은 로그생산성 평균값을 나타냄.
3) (원) 단위로 표현된 변수는 실질값임.

자료: 통계청, 「기업활동조사」와 한국산업기술진흥원, 「월드클래스300기업」 자료를 이용하여 저자 계산.

8. 기업규모별 월드클래스300 선정기업과 여타 기업의 특성

<부표 5> 제조업 기업규모별 WC300 지원 수혜기업과 여타 기업의 특성

	2012년				2018년			
	중소기업		중견기업		중소기업		중견기업	
	여타 기업	WC300 기업	여타 기업	WC300 기업	여타 기업	WC300 기업	여타 기업	WC300 기업
기업개수	4,060	11	1,594	16	3,573	14	1,527	13
업력	18.9	13.0	21.6	21.4	22.7	19.6	25.4	25.6
노동생산성(로그값)	4.03	4.41	4.41	4.37	3.04	3.90	3.71	4.00
총요소생산성(로그값)	3.95	3.99	4.41	4.09	2.93	3.43	3.74	3.62
매출액(억원)	388	721	4,007	3,700	423	721	3,973	1,632
부가가치(억원)	83	212	610	669	38	104	379	197
종사자 수(명)	131	232	523	800	126	167	549	308
유형자산(억원)	151	265	1,371	1,011	177	211	1,354	746
무형자산(억원)	7	83	92	78	7	9	103	23
연구개발비(억원)	8	45	72	187	8	37	82	50
연구개발비/매출액(%)	1.0	5.4	0.8	3.7	1.1	1.6	0.9	2.2
인건비/종사자 수 (백만원)	43.4	46.3	55.9	48.3	50.6	52.0	64.5	59.6
특허권(개)	10.9	39.6	89.6	106.3	9.6	39.6	62.9	26.6
4차 산업혁명 관련 기술 활용 여부(%)					7.8	14.3	14.7	23.1
국내 관계회사 수(개)	2.1	2.6	4.7	6.9	2.3	3.1	4.9	6.3
해외 관계회사 수(개)	1.2	1.6	2.6	4.1	1.2	1.9	2.8	4.3
해외 관계회사투자금액 (억원)	33	13	385	347	31	40	433	192
부채비율(%)	57.0	46.1	55.0	43.0	51.2	35.4	46.8	54.3

주: 1) WC300 기업은 해당 연도 WC300 사업의 지원 수혜기업에 해당함.
2) 생산성은 로그생산성 평균값을 나타냄.
3) (억원) 단위로 표현된 변수는 실질값임.

자료: 통계청, 「기업활동조사」(2012, 2018)와 한국산업기술진흥원, 「월드클래스300기업」 자료를 이용하여 저자 계산.

9. 서비스업 WC300, 고성장, 여타 기업의 매출액 성장률

[부도 5] 서비스업 고성장기업, WC300 선정기업 및 여타 기업의 매출액 성장률

(단위: %)

연도별 지난 3년간 매출액 성장률

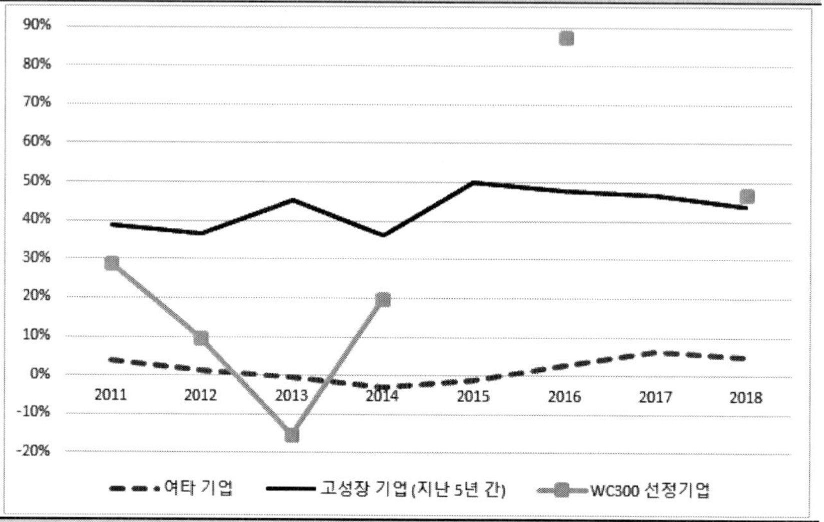

연도별 향후 3년간 매출액 성장률

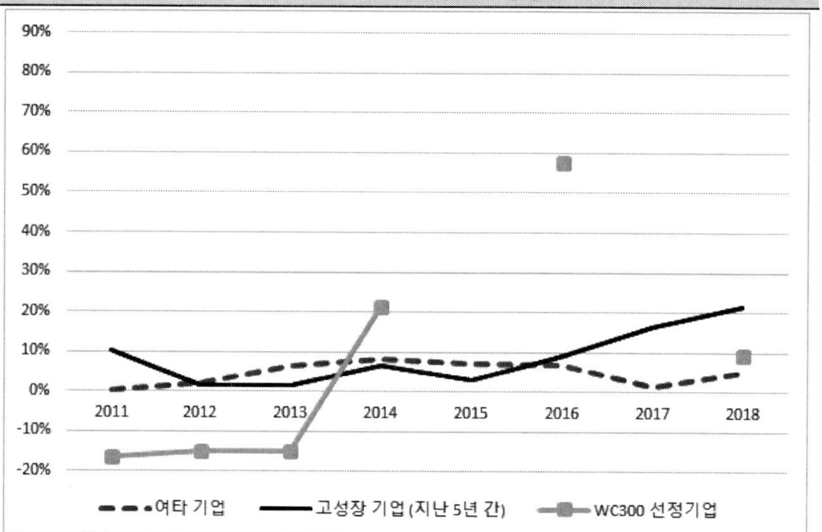

자료: 통계청, 「기업활동조사」(2011~18)와 한국산업기술진흥원, 「월드클래스300기업」 자료를 이용하여 저자 계산.

10. 기업규모별 월드클래스300 선정기업과 매칭 기업의 특성

<부표 6> 2012년도 제조업 WC300 지원 수혜기업과 매칭 기업의 2011년 특성

	WC300 기업	매칭 기업
기업개수	17	18
업력(년)	19.39 (10.36)	21.71 (12.67)
매출액(로그값)	12.15 (0.90)	11.18 (0.26)
3년 전 매출액(로그값)	11.33 (1.06)	10.72 (0.52)
부가가치(로그값)	10.51 (0.71)	9.75 (0.47)
유형자산(로그값)	10.89 (0.91)	9.48 (1.59)
종사자 수(로그값)	6.10 (0.71)	5.46 (0.64)
연구개발비(로그값)	8.83 (0.97)	8.30 (0.79)
수출(백만원)	10.58 (1.34)	9.99 (0.92)
지난 3년 매출액 성장률	63.2% (57.6)	52.0% (42.6)
지난 1년 매출액 성장률	10.2% (33.8)	14.3% (27.7)
향후 1년 매출액 성장률	9.8% (17.5)	9.0% (27.7)
향후 3년 매출액 성장률	10.7% (32.9)	9.7% (49.2)

주: 1) WC300 기업은 제조업 기업 중 2012년도 WC300 사업의 지원 수혜기업, 매칭 기업은 WC300 기업과 성향점수 매칭 방법론을 적용하여 매칭된 기업에 해당함.

자료: 통계청, 「기업활동조사」와 한국산업기술진흥원, 「월드클래스300기업」 자료를 이용하여 저자 계산.

11. 월드클래스300 사업 효과 추정 결과

[부도 6] 월드클래스300 사업 효과 추정 결과(SDID 방법론)

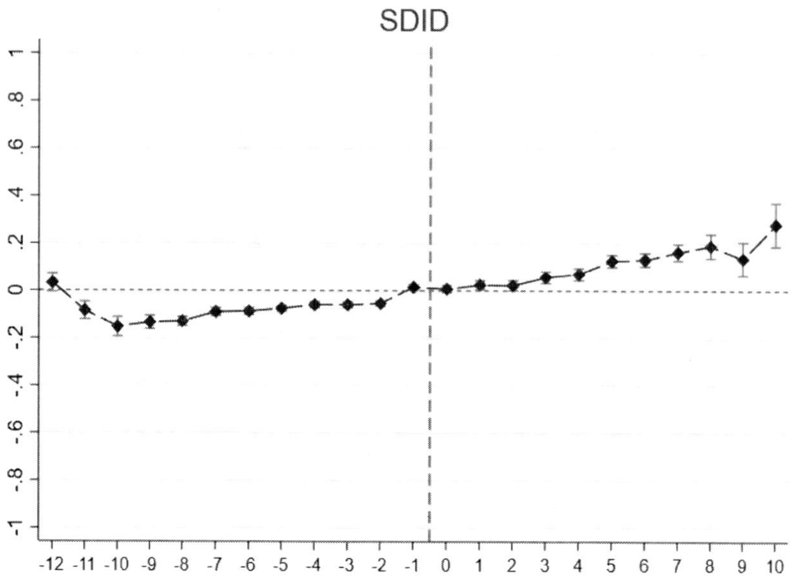

자료: 통계청, 「기업활동조사」(2006~21)와 한국산업기술진흥원, 「월드클래스300기업」 자료를 이용하여 저자 계산.

12. 산업별 월드클래스300 사업 효과 추정 결과

[부도 7] 산업별 월드클래스300 사업 효과 추정 결과(SDID 방법론)

섬유제품(의복 제외) 제조업

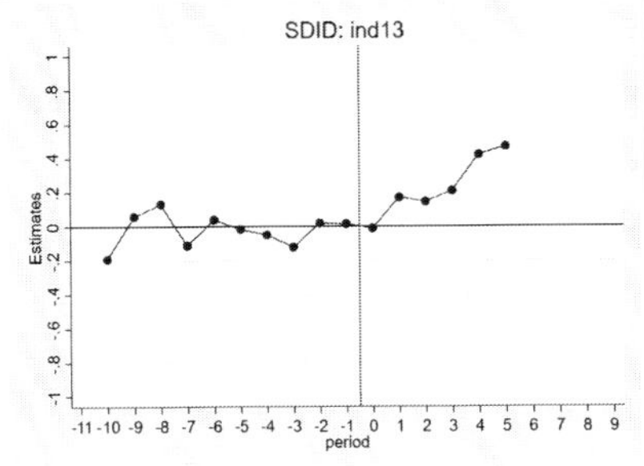

화학(의약품 제외) 제조업

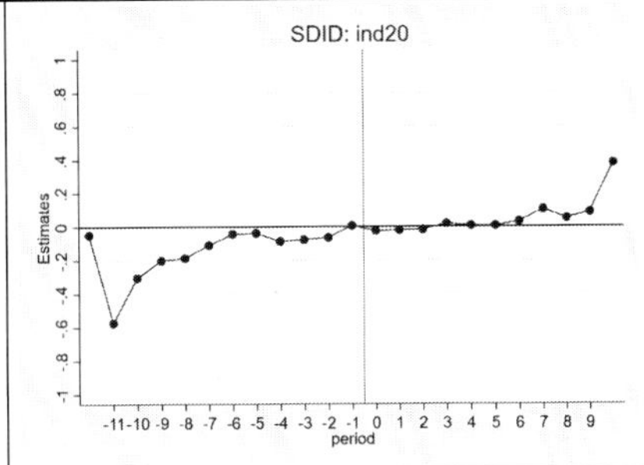

고무, 플라스틱 제조업

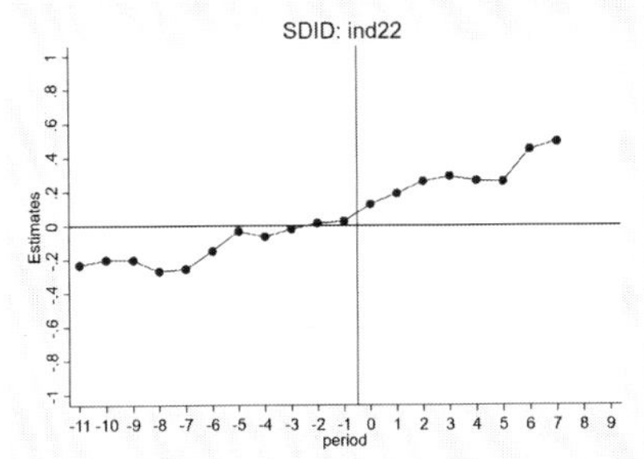

금속가공 제조업

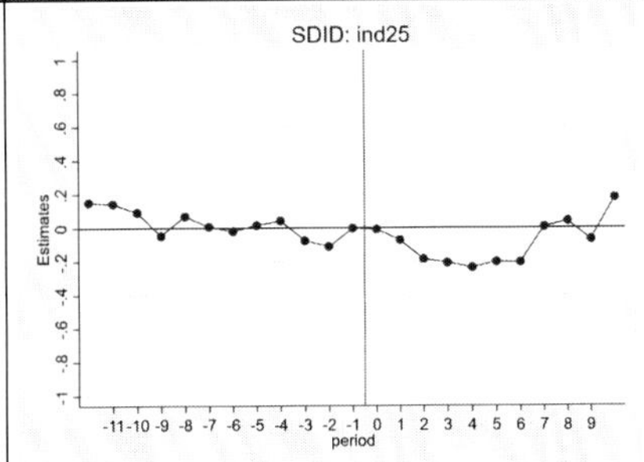

컴퓨터, 통신장비 등 제조업

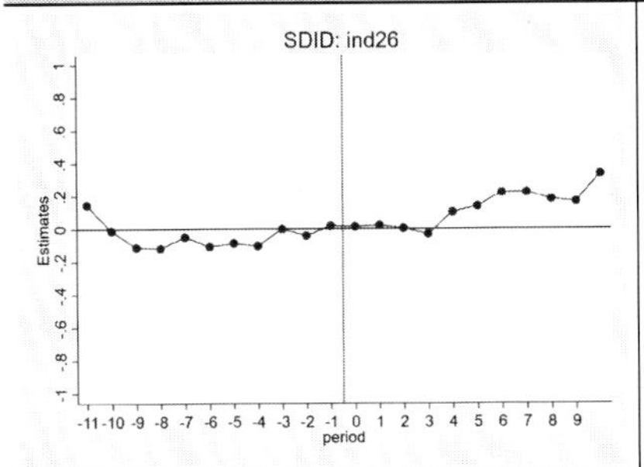

의료, 광학기기 등 제조업

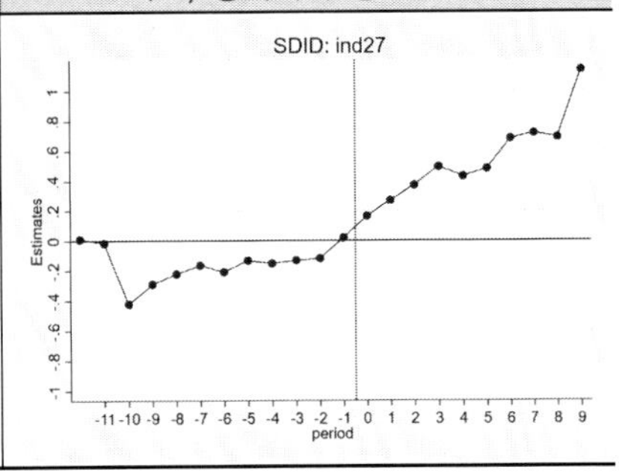

[부도 7]의 계속

전기장비 제조업

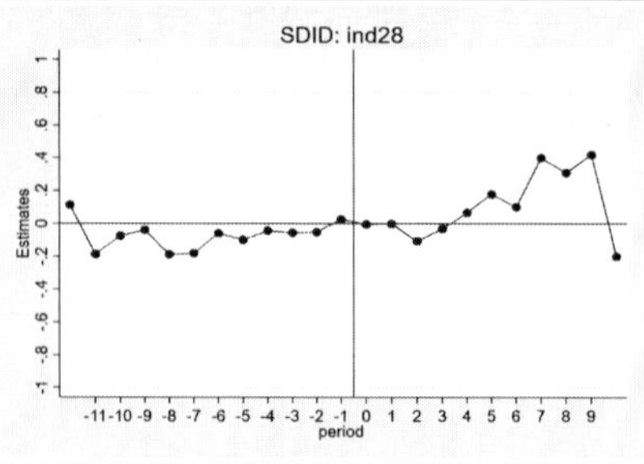

기타 기계, 장비 제조업

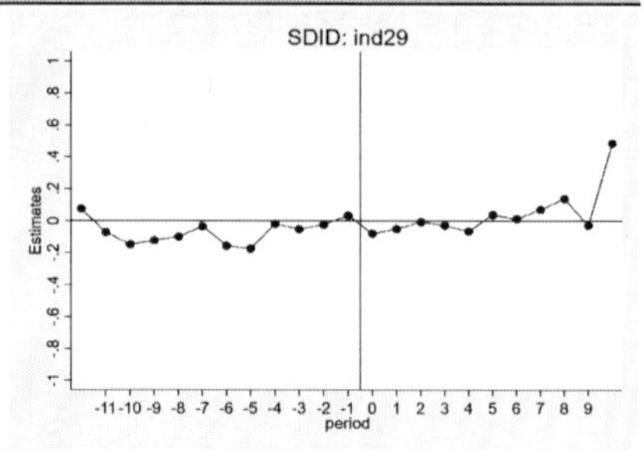

자동차, 트레일러 제조업

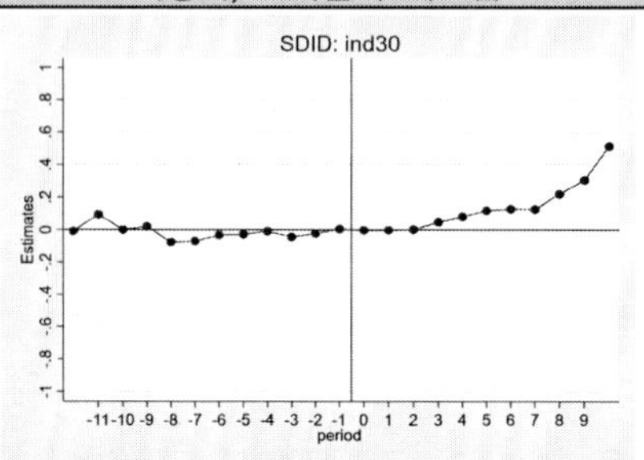

기타 운송장비 제조업

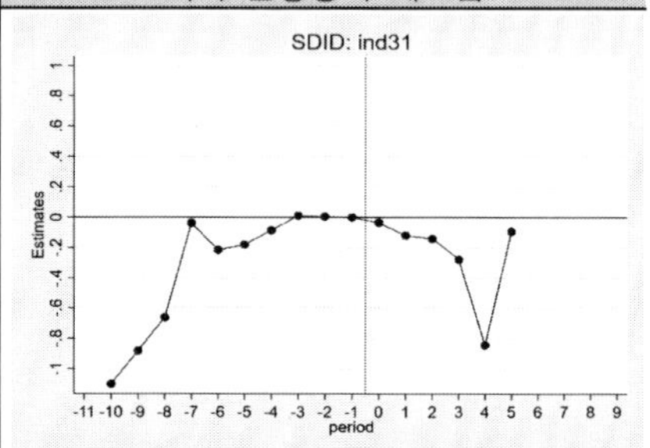

가구 제조업

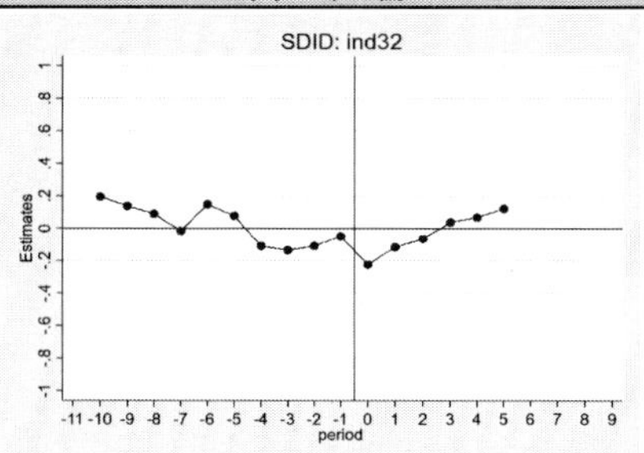

도매, 상품중개 서비스업

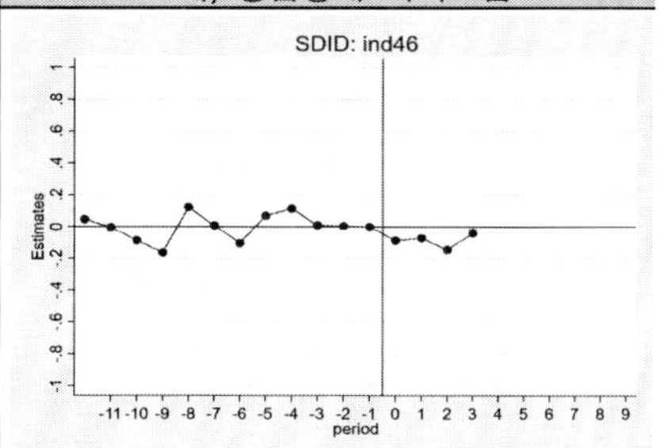

출판업

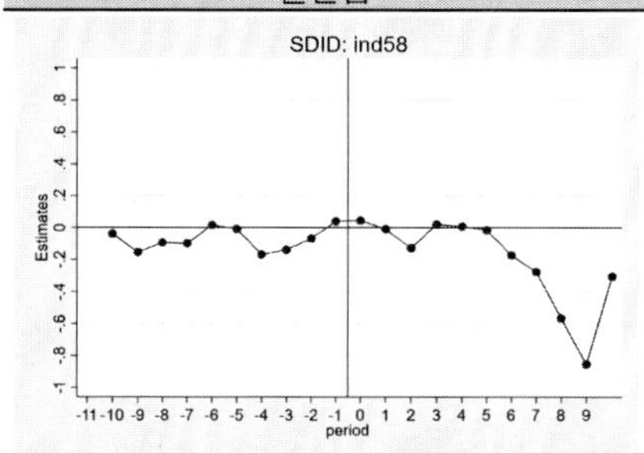

전문서비스업

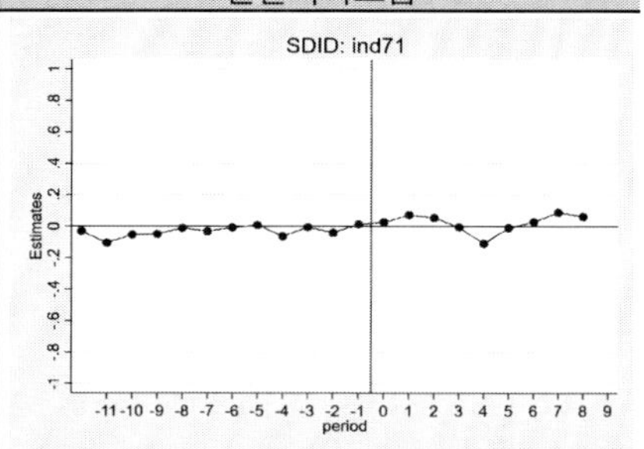

자료: 통계청, 「기업활동조사」(2006~21)와 한국산업기술진흥원, 「월드클래스300기업」 자료를 이용하여 저자 계산.

■ ABSTRACT

National Champions and Industrial Policy: An Examination of the Effectiveness of Picking Winners Strategy in Industrial Policy

Minho Kim

Amidst evolving industrial environments characterized by intensified technological supremacy competition and the transition to carbon neutrality, targeted industrial policies are re-emerging as a significant tool for major countries. This study focuses on the national champion policy, a key instrument of targeted industrial policy. Specifically, it analyzes the effectiveness of South Korea's 'World Class 300' project. In addition, it draws implications from international policy cases for creating national champions. The aim of this study is to propose improvement measures for designing effective targeted industrial policies.

Chapter 2 examines the status and role of targeted industrial policies within the conceptual framework of industrial policy and introduces the current policies in Korea. It also discusses the effectiveness of targeted industrial policies. Chapter 3 reviews Korea's industrial growth trajectories over the past decade by analyzing corporate activities and productivity patterns by industry and firm size. Chapter 4 assesses the effectiveness of national champion policy, focusing on the World Class 300 project as a representative case. It provides an overview of the implementation processes and analyzes the project's effectiveness. Finally, Chapter 5 discusses implications from similar international policy cases and proposes improvement measures for targeted industrial policies.

KDI 신간안내

RECENT KDI PUBLICATION

부동산 자산시장 균형 조건과 기대인플레이션 결정요인 분석

조덕상

정책연구시리즈 | 63쪽 | 정가 2,000원

본 연구에서는 기대인플레이션 동학에 대한 단서를 찾기 위해 부동산 자산시장을 분석하고 있다. 부동산 자산시장에서 기대인플레이션에 대한 정보를 어떻게 추출할 수 있는지, 부동산 자산시장에서 추출한 기대인플레이션 지표가 기존의 기대인플레이션 지표와 비교하여 어떤 특징을 가졌는지, 그리고 기대인플레이션의 전파 경로로서 부동산 자산시장이 어떤 역할을 할 수 있는지를 실증분석과 이론분석을 통해 살펴보고 있다.

주택시장의 규제와 주택공급방식의 방향: LTV, DSR, 보유과세 그리고 선분양방식의 개선을 중심으로

송인호 · 석병훈 · 유혜미

연구보고서 | 122쪽 | 정가 5,000원

본 연구에서는 주택시장의 안정화를 위해 활용되는 정책수단으로서의 규제와 주택공급방식에 대해 알아본다. 정부는 주택시장의 안정을 위해 LTV나 DTI와 같은 금융규제 등을 활용하곤 하는데, 본고에서는 이러한 정책들이 주택시장에 효과를 보이며 유효성을 가지는지, 그렇다면 주택소비자의 효용을 높이는지를 살펴보았다. 또한 현재의 주택시장 환경에서 기존 주택공급방식의 보완과 개선점이 무엇인지를 살펴보았다.

한국의 중산층은 누구인가

황수경 · 이창근

연구보고서 | 237쪽 | 정가 7,000원

본 보고서는 한국에서 객관적 중산층과 주관적 중산층 간에 상당한 불일치가 존재하고 있음에 주목하여, 독자적인 설문조사를 통해 흔히 '중산층'이라고 말하는 집단에 매우 이질적인 여러 계층이 혼합되어 있음을 실증적으로 밝히고 있다. 또한 중산층에 관한 여러 가지 오해를 실증적 관점에서 분석하고 그것이 가져올 사회적 영향에 대해서도 종합적으로 논의한다.

한반도와 주변국의 정치·경제 관계 실증분석: 빅데이터를 활용한 국가 간 관계 지수를 중심으로

김규철

정책연구시리즈 | 70쪽 | 정가 2,000원

본 연구는 기존의 외교, 안보, 정세 연구의 정성적 분석을 넘어서, 객관적 데이터에 기반하여 한반도 주변의 국제정세를 보다 정량적으로 이해하려는 시도를 하고 있다. 구체적으로 뉴스 기사를 바탕으로 국가 간 관계를 수치화한 최신의 이벤트 데이터인 구글의 GDELT를 활용하여 미중 갈등 및 남북관계의 동향을 실증적으로 검증하고 분석하였다.

유보통합 정착을 위한 교사 재교육 방안: 교사학습공동체를 중심으로

김인경

정책연구시리즈 | 110쪽 | 정가 2,000원

본 연구는 어린이집·유치원 교사가 함께 참여하는 학습공동체를 동료집단멘토링 형태로 운영하고 이러한 교사학습공동체가 유보통합에 대한 수용성을 제고하는 데 기여하는지 살펴본다. 나아가 연구 결과를 토대로 유보통합의 성공적 정착을 위해 필요한 제도 개편에 대한 시사점을 제시한다.

재생에너지 구매제도 및 지원정책 개선 과제

윤여창

정책연구시리즈 | 57쪽 | 정가 2,000원

본 연구는 국내 재생에너지 구매제도와 지원정책을 분석한다. 이를 통해 기업이 참여하는 자발적 시장 내 다양한 이행수단들 간의 연계성뿐만 아니라, 규제에 의해 형성된 의무시장이 자발적 시장에 미치는 영향을 살펴본다. 그리고 배출권거래제나 전력시장 등 인접 제도들의 왜곡이 재생에너지 거래시장에 미치는 영향을 분석한다. 이러한 분석을 기반으로 재생에너지 구매제도와 지원정책에 대한 정책적 시사점을 제시한다.

인구축소사회에 적합한 초중고 교육 행정 및 재정 개편방안

김학수 편

연구보고서 | 341쪽 | 정가 9,000원

본 연구에서는 현행 초중고 교육 행정과 재정의 문제점을 국제비교, 교육성과에 미치는 교육투입지표의 영향, 목적사업비의 정치화 가능성 등 다양한 측면에서 살펴본다. 연구 결과, 초중고 교육재정 총량 산정방식 및 교육재정의 배분방식에서의 개혁이 시급한 것으로 나타났다.

정책연구시리즈 2023-10

국가 챔피언 기업 육성정책:
산업정책에서 승자 선정 전략의 효과와 시사점

인 쇄 2023년 12월 27일
발 행 2023년 12월 30일

저 자 김민호
발행인 조동철
발행처 한국개발연구원
등 록 1975년 5월 23일 제6-0004호
주 소 세종특별자치시 남세종로 263
전 화 (044) 550-4114
팩 스 (044) 550-4310

ISBN 979-11-5932-853-4

값 2,000원